9月1日　母からのバトン

樹木希林
内田也哉子

9月1日　母からのバトン／目次

第二部

まえがき

「死なないで、ね……どうか、生きてください……」

去年の9月1日、母は入院していた病室の窓の外に向かって、涙をこらえながら、繰り返し何かに語りかけていました。あまりの突然の出来事に、私は母の気が触れてしまったのかと動揺しました。それからなぜそんなことをしているのか問いただすと、

「今日は、学校に行けない子どもたちが大勢、自殺してしまう日なの」

「もったいない、あまりに命がもったいない……」

と、ひと言ひと言を絞り出すように教えてくれました。

この2週間後に、母は75年の生涯の幕を閉じました。

「学校に行かなくちゃ、ちゃんとしたオトナになれない」

「学校なんて行かなくたって、一人前になれる」

こんな両極端な言葉を聞くことがあります。でも正直、大のオトナで、3人も子どもを育てる私にさえ、正解は靄《もや》の中です。私自身、小中高とさまざまな国の子どもた

ちに混ざって、忘れ難いかけがえのない時間も、つらくて思い出したくもない時間も、その狭間の記憶にも残らないぼんやりとした時間も校舎で過ごしてきました。学校というものを「人や知らなかったことと出会う場所」くらいにしか捉えてきませんでした。ある意味、「学校へ行く」という行為の奥に潜む現状に、無関心にも目を背けてきてしまったのです。

ところが、死を目前にした母親のつぶやきで事態が一変しました。

母の死後間もなく、ある編集者から、母が生前、「学校に行けないということ」について語った原稿が送られてきました。私はこれを母からのある種のバトンだと理解し、まずは、ほんとうのことをもっと知りたいと思い、やがて、その現状を少しでも誰かと共有できればと願うようになりました。

まだ入り口に立ったばかりですが、わずかでも、靄に包まれた長い道のりを、この本を通して出会った方々の後ろについていて、しっかり歩いていければと思います。

平成31年卯月　内田也哉子《ややこ》

第一部　樹木希林が語ったこと

インタビュー

「難の多い人生は、ありがたい」

2014年7月24日（『不登校新聞』12月15日掲載の再編集版）
聞き手＝『不登校新聞』石井志昂編集長＋子ども・若者編集部

2014年7月24日、樹木希林さんは『不登校新聞』の単独取材に応じました。同紙編集長の石井志昂《しこう》さんが取材依頼をした際、ご本人から直接、携帯に電話がかかってきたといいます。

「いつ死ぬかわからないから明後日でもいい？」

こうして取材の日時が決まりました。樹木さんは一切のギャラを求めず、取材中の食事代までお支払いになったそうです。

インタビューに臨んだのは10～20代の不登校・ひきこもり当事者と石井さん。収録は約3時間に及んだといいます。

石井さんは、樹木さんのこんな言葉が今も忘れられないそうです。

「あのね、話したことはあなたの好きに使って。いちいち断んなくていいから」

今回収録したのは、同年12月15日の『不登校新聞』に掲載された記事をベースに、改めてテープ起こしを行い、なるべく当時の息遣いが伝わるよう再編集したものです。

樹木さんは、不登校・ひきこもりの当事者たちとどのような言葉を交わしたのか。
今一度、このインタビューを多くの方に読んでもらえたらと願っています。

――今日はありがとうございます。まずはいちばん気になっていることからお聞きします。なぜ『不登校新聞』に出ていただけるんですか。(石井)

世の中には知らないことがあるんだけど、私はインターネットでやることには興味がない。けれど、人には興味があるから役者をやっているんですよ。

だから、『不登校新聞』があるって聞いたときに、へー、そんな新聞があるんだと思って。ただ、読んでみたらなんてことはない。自分も〝自閉症〟だったなあ、と。その頃は〝発達障害〟なんて言葉もなかったけど。

私が18歳の頃、テレビに出始めたときに、近所中で「あの子がテレビに出ているんだって」と話題になったのよ。だって声を聞いたことがないんだから。ほとんどしゃべらないで、いつもじーっと人を見てるだけ。今はこうやってべらべらしゃべってるけど、小学校4年ぐらいまでは、ほんとにしゃべらなかったからね。

このままじゃあ修学旅行に行けないと思って、親がお灸《きゅう》の先生を連れてきて、そこで鍼《はり》とお灸をやったら治ったのね。そのあとでしゃべるようになったんだよね。口をきくようになったのはそこから。町内でも非常に特殊な子どもだったんだね。目立たないけど、なんかうっとうしい子(笑)。

ありがたい存在との出会い

――私が取材したいと思ったのは、映画『神宮希林　わたしの神様』の中で、夫・内田裕也さんについて「ああいう御しがたい存在は自分を映す鏡になる」と話されていたからなんです。これは不登校にも通じる話だなと思いました。

あの話はお釈迦さんがそう言ってたんですよ。

ダイバダッタは、昔はお釈迦さんの従兄弟かなんかで、同じように手を合わせていたんだけど、お釈迦さんのほうが先に悟りを開いたのを憎たらしいと思って、邪魔ばかりしてた。ちょっと出かけているあいだにお弟子さんを連れていっちゃったり、お釈迦さんの名声が上がるごとに命を狙ったりね。

お釈迦さんは、そのダイバダッタに対して、ダイバダッタは前世で自分の師匠だった、今世では自分が悟りを得るために同じ場所に生まれてさまざまな難を与えてくれているのだ、と悟るわけです。自分に対して災いを起こし、不本意なことをやってくる人間を、逆に私にとっての〝師〟であるという気持ちで受け取るのだ、と。

私もそうだなあ、と思いましたね。18歳のときに、たまたま役者の道に入っちゃったけど、いろんな人に出会って、普通に結婚したりいろんな目にあったりして、今日《こんにち》

70歳を過ぎて、今日みなさんにお話を聞きたいと思っていただけたのは、やっぱり私がたくさんのダイバダッタに出会ってきたからなんだな、と思います。

もちろん、ときには自分がダイバダッタだったこともあります。ダイバダッタに出会う、あるいは自分がそうなってしまう、そういう難の多い人生を卑屈になるのではなく受け止め方を変える。そうやって受け取り方がひとつ違ってくるだけで、天と地ほどに見え方が変わってくるんじゃないですかね。

たとえば、「騙すより騙されるほうがいい」って言う人がいるでしょ？

私は「そんなことないよ」って思う。

自分がボケッとしてたせいで、相手の人に騙すという行いをさせて、騙すことを覚えさせちゃうんだから、これは二重の罪だよって。そう言うとみんなだまっちゃうんだけど、お釈迦さんがそう言ってんですから（笑）。

日本の日常用語って、ほとんどが仏教用語なんです。「ありがたい」っていうのも、漢字で書くと「有難い」、難が有る、と書くんだよね。

人間がなぜ生まれたかと言えば、難を自分の身に受けながらも成熟していって、最後、死に至るため。成熟って、難がなければできないの。だから、私は「なんで夫と別れないの」とよく聞かれますが、夫が私にとっては有り難い存在だからなんですよ。

無傷だったら人間として生まれてくる意味がない。ただ食べて、空気を吸って、寝ておしまいじゃあね。

不自由をおもしろがる

——そう思うきっかけは何かあったのでしょうか？

がんになったのは大きかった気がします。それに、年を取るといろんな病気にかかるわけ。腰は重くなるし、目も見えないし、針に糸だって通らなくなる。不自由になるんです。

でもいいのよ、それで。そうやって人間は自分の不自由さに仕えていくの。不自由さに仕えて成熟して、人生を終えていく。ほんとに成熟という言葉がぴったりだと思う。

不自由なのをなんとか自由にしようとするなんて、思わないのよ。不自由じゃなくしたらつまらないじゃない。

だいたいね、がんになるからにはがんになるだけの生活があってね、その資質が私にはあったのよ（笑）。ショックでもなんでもない。ただ、それが転移する人と、死ぬ人と、治る人がいて、私は死ぬ人でも治る人でもなく、転移する人だっただけ。それでいいの。

——なるほど。それでは改めて、樹木さんがどんな子ども時代を送ったのかを、お聞きしてもいいでしょうか？

なんとなくふり返ってみると、私は昭和18（1943）年の1月15日、戦争の真っただ中に神田の神保町に生まれたんだけど、母親がカフェをやってて、たぶん日銭はあった。父親は兵隊にとられていて、疎開しながら大きくなったんだろうと思うんです。私が4歳の頃に妹が生まれたけど、ひろーい青梅《おうめ》街道にバラックがいっぱーい並んでいる中で暮らしてました。

バラックの中二階に布団を積んでいたんですが、ある日、そこの布団置き場で遊んでいたらどーんと落っこちちゃって。そのとき私、死んでたような気がするんだよね。上に布団がかぶさってきたから、息もできなかった。布団を取り払われて、「うわあっ！」と息を吹き返した記憶だけがある。

その日から私は、打ちどころが悪くておねしょするようになったの。ずーっと、毎晩毎晩おねしょする。ところがさあ、その頃はおねしょするのがどこの子だなんて、人のこと考えてられないのよね。余裕がないの。だから、私は怒られたことが一度もない。

それで、どちらかというとひきこもりみたいな子になっていくの。記憶では、だいたいひとりで遊んでる。母親が忙しかったせいで、私を幼稚園に行かせてたんだけど、私はなじめないからイヤでイヤで、ずーっと隅っこで遊んでた。運動会もいっつもビリ。まあその頃は、幼稚園に行かされる子は少なかったんだけど。

父親が乳母車を引いて幼稚園に送ってくれたんだけど、それもカッコ悪いなあ、と思ってたんだろうね。幼稚園の前まで来ると、乳母車をひょいって降りて、父に「もう帰んな」って言うんだって（笑）。

幼稚園での楽しい思い出が全然ないのよ。先生が何を言っても理解できない。集合写真があるんだけど、とにかくいっつもはじっこで、みんなから離れて立っている。そういう写真が2、3枚あるの。ああ、これが私だったんだなあって。

周りと比べない

雑司《ぞうし》谷《がや》小学校には1年から6年まで行ったんだけど、友達の記憶がない。よく覚えてるのは、スポーツが大っ嫌いだったこと。

でも、いちばん覚えているのが水泳大会ね。6年生にもなると、クロールだとか背泳ぎだとかをやるんだけど、私には競争するほどの能力がなかった。浮いてることはできたんだけど。

だから、私が出たのは「歩き競争」。周りは1年生とか2年生ばっかり。私だけが6年生だから、背が全然違うのね。ヨーイドンで始めると、すぐゴールに着いちゃう。一等賞だったのよ。

普通はそれを恥ずかしいと思うでしょ？　さすがに。

でも、私はそれを恥ずかしいと思わなかった。これが私の人生の勝因だなと思うわけ。一等はノート2冊と鉛筆2本。すんごい貧しい商品だけど、一等は一等だから、それをもらったとき、私はにんまり笑ったの。別にいいじゃない、と。それがのちのちまで頭に残ってる。

私が恥ずかしいと思わなかったのは、親の教育だと思う。親が子どもに目を向けてる余裕がなかったから、子どもも恥ずかしいと思わないように育ったし、そんな時代だから私は生きられたんだと思うの。もし今のように目を向けられて、「これじゃダメ」「そうじゃない」と言われてたら、とっくの昔に私は卑屈になってたと思う。

私は、「それは違うでしょ」って言われた記憶がないのよ。私が何か間違えたとしても、「それは違う」と言わずに、「たいしたもんだね、この子は」と言って笑ってる(笑)。友達の家に遊びに行ったときは、その頃やっと出始めたビニールを持って泊まりに行くわけ。おねしょするから。それぐらい平気なのよ。隠すとか、そういうことじゃないの。うちは毎朝毎朝、布団を干すし。

そうやって他人と比較して、卑屈になるようなことはなかったから、それはやっぱり、親がえらかったと思うのよ。

――私の祖母も「誰かと自分を比べるような、はしたないことはダメ」と言ってましたが、その一言は、不登校だった私を支えてくれました。

日本の女の人って、昔はすごく優れてたと思うんです。お坊さんでもなんでもない、そこらにいるおばあさんでさえ、「人と自分を比べるなんてはしたない」って言葉を発する土壌があったのよ。

――樹木さんが親になられてからも「叱らない」というのは気をつけていましたか？

まったく干渉しません。大事にしたのは食べることだけ。そこらで間に合わせるんじゃなくて、どんなにまずくてもご飯とみそ汁と、うちでつくって食べさせることだけはやってました。でもそれだけ。

――お孫さんがいらっしゃるんですよね？

3人もいるんですよ。よく親のほうが鍛えられてます（笑）。

娘にも言ってるのが、「そのうちちゃんと自分で挫折するよ」ってこと。周りはやきもきするけどね。「人を殺してなんで悪いの」とまではなっていないし、基本だけはちゃんとしとけば少々のことはいいのよ。あれもこれも親が手を出して、あとから「たいへんだったんだから」と言うよりは、本人に任せていくほうがいいの。

人によく思われたいなんて、思わない

――話は変わりますが、私は人間関係で難しいな、と思うことがよくあります。どうすればいいのでしょう？（20代・女性）

それは自分を大切にしているからでしょうね。

これも親の教育の賜物《たまもの》で、私は人と比較しない、人におもねらない。おもねるのは人によく思われたいからで、人ともめるのは自分をぞんざいにしているわけ。自分を大事に思ったら、衝突はしないわよね。私は自分をすごくぞんざいに扱ってきたから、いっぱいもめたわよ。

どう思われても平気なの。だって世間はそんなに私のことを注目してないですから。

向こうを向いたらもう忘れるでしょ。私で食べている人は別だけど。世の中の人は、一タレントが全身がんになろうがそれでご飯がまずくなるわけじゃないでしょ。世間は私をこう思っているはずだ、なんて思うほうがおこがましい。

私、だいたいお手紙に「返礼不要」って書くんです。いちいちありがとうございましたってお便りが来るんだけど、まったくいらない。こっちは送りたくて送ったんだからって感覚なの。

私は人にものを送ってこないでって言う。タダならなお困る。よく送ってくるのよ。いらないって言ってるのに送ってくるから、癪《しゃく》に障るから、品物に「いらない」って書いて送り返すの。

——すごい（笑）。

どうぞご放念くださいってやつよ。まあ、そのせいでだいぶ嫌われてきましたけどね。昔、大先輩の杉村春子さんに現場で「へったなの」って言ったこともあったから。

——ええっ!!

小津安二郎さん（映画監督）の『秋刀魚《さんま》の味』の現場だったんだけど、何度もNGが出るから、「なんだあ、お昼から来ればよかった」って思っちゃったのよ。そういうように失礼なやつだったわね。

だから、今考えてみると非常に楽なんだよね。振り返ってみても、我慢したっていう記憶がない。頑張ったとか、辛抱したとか、我慢したとか、そういうのはないんだよね。ずーっと、クラゲみたいにフラフラしながら生きてるから。

あなたも、自分をよく見せようとか、世間におもねるとかしなければ、楽になるんじゃないの？　だいたい他人様からよく思われても、事件を起こせば後ろ指さされるものだしね（笑）。

もっと楽なほうに行けばいい

──僕は小学校6年生で不登校になって5年間、ひきこもっていました。自分が不登校だったことを、何かに活かせないかと考えているんですが、どれもこれもうまくいかないんです。（20代・男性）

計画があると挫折するんだね、やっぱり。私は計画性がないから。

うちの家族は学歴が低いから、大学っていうのに誰も行ってなくてさ。夢を持つのは大事なことなんだけど、そこに行かなかったからって挫折するのはバカバカしいことじゃない。方向を変えればいいのよ。違う方向に行こうって、もっと楽なほうに行けばいい。

――ただ、この前も成人式に行ったら、友人は大学に行ったり、働いていたり。どうしても自分と周りを比べてしまいます。

わかるわあ。私もデパートガールを始めた同級生がものすごく輝かしく見えていたから（笑）。不登校の人と同じかわからないけど、4月から花開くような人生が、そのときは素晴らしいように見えたんだよね。

私は18歳のとき、行くところがなくて文学座（劇団）に入ったの。今もそうだけど、役者なんて先が見えない仕事でしょ。周りが銀行員になったり、大学に行ったりしているのに、自分は何もない。おまけに周りの劇団員はみんなキレイだから。「ああ、世の中に取り残されてるんだなあ」っていう実感は、そりゃあもうありましたよ。今考えればバッカみたいだけど（笑）。

この地球上にはおびただしい数の人間がいて、人間としていちばん幸せなのは適職に出会うことだと思う。でも、適職に出会う人は数えるほどしかいない。ね？　そういうもんじゃないかと思うのよ。

私なんか、周りは楽しそうにやってるわりに、合ってないんじゃないかな、と思ってる（笑）。成功したように見える人にだって、忸怩《じくじ》たるものがあったりする。みんなそうなんじゃないかな。スポンサーの社長に会わせられるときだって、「いやー、みなさん、この時代に社長なんて引き受けてお気の毒に」って言うんですよ。私は社長なんて責任があるから、いやだもの（笑）。

誰にでも、ひとつはチャーミングなところがある

――たしかに……。そう言えば、大学に行った友達も、「あんまり楽しくないぞ」と言ってました。

そういうもんなのよ。あなた、この中じゃいちばんハンサムだよ。それは親に徳があったんだな、きっと。だからハンサムな顔に生まれた。好き嫌いはあるだろうし、好きでその顔に生まれたわけじゃないだろうけど、そういう顔に生まれてない人からしたら、どれだけうらやましいか。その顔の良さを成熟させていくことに、命をかけたっていいじゃないか（笑）。

人って、ひとつはチャーミングなものを持っているの。それにふたをして、みんな同じようにしている。でも、それを一切忘れたら、すごく生きやすくなるから。よく思われる必要なんてないんだよ。

たとえば、俳優の小林亜星さんっているでしょ。ドラマ『寺内貫太郎一家』を始めたとき、演出家や私は、主役は小林亜星さんがいいと言ったのよ。亜星さんなんて太ってるぐらいしか取り柄のない人でしょ。

——いやいやいや（苦笑）。

あの人、本業は作曲家で、何を言われてもワッハッハッと笑ってるの。太ってることがすごくいい味になってる。ああいうのが大事なんだな。

今や女優もアナウンサーも、最近じゃスポーツ選手もみんな同じ顔だからね。同じような顔に同じような服を着て、それで若い女優さんは「役が来ない」とこぼすんだから、もうこっちは引く手あまたよ（笑）。

生き続けなきゃ、もったいない

——最後に、自分の子どもが不登校やひきこもりだったら、つまり、御しがたいダイバダッタのように見えたら、親としてどう向き合えばいいのかについて教えてください。（石井）

うん……。私なら、自分は助かって、子どもだけをどっかに落とそうって考えるんじゃなくて、この子が食っていけなくなったら、自分も路上でやっていくぐらいの覚悟をするなあ。

この子の苦しみに寄り添うしかないのよね。だから、ああしろ、こうしろとは、もちろん言わない。言って治るようならとっくに治ってるでしょう？

うちの夫が「不良になるのも勇気がいるんだ」と言ったことがある。道を外すのも覚悟がいるのよ。ただ、それがだんだん習慣になっちゃうとねえ。一緒に住んでる人はほんとに大変だと思うけど、やっぱり、自分が成熟するための存在なんだと受け取り方を変えるのがいいと思いますね。

――なるほど。

お釈迦さんがね、「人間として生まれることはきわめて稀なことだ」と言ってるの。だったらね、生き続けなきゃ、もったいないじゃない。

トークセッション

「私の中の当たり前」

2015年8月22日　登校拒否・不登校を考える夏の全国合宿in山口
聞き手＝奥地圭子（登校拒否・不登校を考える全国ネットワーク代表理事）

２０１５年8月22日、登校拒否・不登校を考える全国ネットワークは発足25年を記念した講演を企画しました。
そのときに、ゲストとして呼ばれたのが樹木希林さんでした。

きっかけになったのは、先ほどのインタビュー「難の多い人生は、ありがたい」。現地実行委員会が同記事を読み、ぜひお願いしてみてほしいと声が上がったそうです。

当日聞き手となった同ネットワーク代表理事の奥地圭子さんは、「樹木さんのファンではあっても面識もなく、体調のこともあり、また薄謝しか用意できないこの講演に、山口までお出かけくださるとは思えなかったけれど、ダメもとで一生懸命に手紙を書いた」と語ります。不登校の状況、その中で市民活動として生まれてきた親の会やフリースクールのこと、それがつながる全国ネットワークとは何か、自分たちが不登校をどのように捉えてきたか、今回なぜ樹木さんをお呼びしたいと思ったのか――便箋は10枚にもなったそうです。

なかなかお返事がなく「もう無理かな」と思っていたある日の夜11時、奥地さんの自宅に樹木さんご本人から電話があり、「講演でなくトークセッションなら」ということで実現に至ったそうです（なお、「登校拒否・不登校を考える夏の全国合宿」は

「登校拒否・不登校を考える夏の全国大会」として継続されています）。

「世の中の当たり前」と「私の中の当たり前」は違うのではないか。「私の中の当たり前」を当たり前と見てもらえないとき、どう考え、どう生きていったらいいのか。

そのような問いに、樹木さんはご自身なりの言葉で応答していきます。

そしておそらく、樹木さんが〝9月1日〟をはじめて意識したのもこの合宿でした。樹木さんは、自ら命を絶とうとする子どもたちに対し、どのようなメッセージを届けたかったのでしょうか。

樹木　お暑い中、今日はありがとうございます。樹木希林です。72歳（当時）になりました。

10年ちょっと前に乳がんを切ったので、ということは、ずっとその前からがんが芽生えていたんだろうと思います。そういう生活なので、10年前から今日まで生きているとは、ちょっと自分でも思いませんでした。

私はあんまりこういうところでお話しするような立派な人間ではないので、今日はどうかな、と思ったんですけれども、奥地さんのほうから、この二十何年間で女優を呼んだのははじめてだと言われて、ああそうかと思って、予算を聞いたら「ないです」と（笑）。「じゃあ片道でいいから交通費、出してくれる？」ってことで、片道で来ました。帰りは自費です（笑）。その代わり宿泊もしませんから、そんな具合で、今日はどうぞよろしくお願いします。

奥地　樹木さん、本当にありがとうございます。今日は『私の中の当り前』というタイトルをつけさせていただきました。講演というよりは、インタビューに答えるような形でやっていただくということになっております。

早速ですが、「私の中の当たり前」というのは、「世の中の当たり前」と違ってくることが多いと思うのです。特に、「学校に行って当たり前でしょう、なぜ行かないの」というように。でも、不登校でつらいほうからすると、「学校はつらいから行きたくない」「行けない」となる。

このように〝当たり前〟がずれたとき、どう生きていけばいいのか、どう考えていけばいいのかということを、まずはお聞かせください。

樹木希林の考え方

樹木　これは私が女学校を卒業するときの話です。

父が、「お前みたいな性格の子は、結婚しても絶対にうまくいかないだろうから、手に職を持て」と言いました。「医者は難しくて年数がかかる。薬剤師なら、お父さんが一軒ぐらい小さい店を出してやる」ってね。親に決められたから、「それじゃあ薬剤師か」なんて思っていました。

ところが数Ⅱ、数Ⅲっていうのがすごく（難しく）て、とてもじゃないけどこんなのできないと（笑）。願書は薬科大学を3つぐらい取っておいたんだけど、父親が北海道に行くって言ったときに、試験の2か月前なのにくっついて行って、結局、夕張で遊んで足折って帰ってきたんですね。もう試験に間に合わない。頭の中も間に合ってなかったんですけど（笑）。

それで、卒業式にも謝恩会にも出られない。みんなに会ってさよならしたいのに出られない。そういうイベントに全部出られないでウチにいるっていうのが、どんなに寂しかったか。ある意味〝不登校〟になっちゃったんですね。

それである日、新聞を買って朝見ていたら、下のほうに戦後三大劇団が研究生を募集するらしいと出ていたんです。文学座、俳優座、民藝っていうのが三大劇団だったから、どこでもいいから何か受けようと、ダメでもいいから世の中に混ざりたいと、置いていかれちゃった感があったんで受けてみた。

だから役者をやるなんて、まして今、五十何年もやってるなんてねえ。

普通は、みんなそういうところへ行くと、上昇志向がすごいから、「いい役がほしい」って思うんだけど、私は役がつかないことにぜんぜん寂しさがなかった。最初は役なんてつかないんだから。ただもう、みんなと同じことをやるっていうことで気持ちがすっきりして、そういうところにいたんです。

結局ねえ、上昇志向がまったくないんです、私の場合。役者に対してですよ？

当時は、一番は舞台女優、二番が映画女優・映画役者、三番がテレビ。テレビは三流の役者がやるもので、ＣＭなんていうのはもう四流の役者がやるもの。ところが私はＣＭが好きなんですよ。短い15秒、30秒でも、もらえる金額が全然違うのね（笑）。文学座なんかに行ってると、どんな通行人でも、どんな主役でも、研究生はワンステージ２００円。その２００円から20円税金が引かれて１８０円。そんなときにＣＭはまだ、それよりちゃんとよかったわけですよ。

先輩の女優さんたちからは、「あなたね、だめよ。そういう荒れた仕事をしては」と言われたけど、「わかりました。でも、私は別にどういう役者になろうっていう目指すものがないからいいんです」なんて言ってやって、結局、今日まで来ちゃったの。だから、私は女優として言うことがなんにもないの。

奥地　なんにもなくて五十何年も続くものなんでしょうか？

樹木　普通の人はね、選び方がみんなと一緒で、上昇志向なの。私は仕事を選ばない。ギャラだけくれればいいっていう（笑）。行ったアゴ・アシ代（食事代と交通費）だけくれれば、みたいな感覚。

それから衣装なんかも、ぜんっぜん。残ったのでいいわけ。みんなは「私これ！」とか言うけど、私は「残ったのはこれ？　じゃあこれ着てみようか」って感じでね。だから、そういう意味では人ともめないの。

奥地　そういうものの考え方なんですね。

樹木　そう、考え方です。

たとえば今日、この舞台に水が2本あったんです。「1本を半分ずつにしましょう」って私が言ったら、どなたかが「いえ、こちらをお開けしましょう」って言った。いやいや、開けずに置いておけば誰かが飲めるけど、開けちゃったらそのあと飲もうっていう人がいなくなるだろう、と。そう思うんですよね。

一事が万事、損得じゃないんです。私の損だから、私の得だからそうする、っていうことじゃなくて、一般的に見てそれはもったいないでしょうとか、無駄でしょうとか、そういう考え方なんですよ。

奥地　そういうときに、外との軋轢《あつれき》が生じたりすると思うんです。そんな考え方はよくないとか、もらっておけばいいじゃないとか。「自分の中の当たり前」とは違う声が出てきちゃったときには、どういうふうに対応されるのですか？

樹木　喧嘩するの（笑）。たとえばみんな、私がいらないって言ってるのに、何か持ってくるんですよ。でもそれは、持ってくる人の気持ちなの。あなたは私のことを考えてくれてないでしょ？　荷物になるし、まして旅先ではいらない。重たいのよ（笑）。そういうふうにものをくれるっていうときもね、私だけが喧嘩腰で断るわけ。もう、もらっちゃったほうが簡単なの。「ああ、どうもありがとうございます」って言ったあとに捨てちゃえばいいんだから（笑）。

でも、それができないから「いりません」って言ってるのにぜんぜん通じない。

『奥の細道』の中でも、松尾芭蕉が旅先で泊まらせてもらって、帰っていくときに、やっぱりみんな何かをくれるんですよ。すると芭蕉は、「いや結構です」「荷物になりますから」とかいろいろ言って、それでも断りきれない。

それが肩に食い込むから、「もうこれはどこかでほかそう（捨てよう）」と思って、ずーっと一本道を歩いていく。それでふっと来た道を振り向くと、まだ向こうで手を振ってる（笑）。「ああ、あの人たちは自分がいい人だと思ってるんだな」って、そんなくだりがあって、大丈夫だ、私だけじゃないんだ、と思ったの。

私はがんですが、がんというものはね、人にとやかく言われてもしょうがないの。そういうふうにしていかないと、死に近づいてるのにいつまでも荷物が増えていっちゃう。私は紙一枚でも勘弁してもらいたい。だからマネージャーもいないし、留守電とＦＡＸがひとつ、基本料金１８００いくらで終わり。そういう生活なわけです。

ずーっと自由に生きていたい

奥地　以前『不登校新聞』で、難の多い人生に対して卑屈になるのではなく、受け止め方を変えるのがいいんだ、とお話しになっています。でも、素直に受け止めるというのがなかなかできなくて、落ち込んだり、卑屈になったり、腹が立ったりしますよね。どうやって受け止めておられるのでしょう。

樹木　それは私の場合の話なんですけどね。

たとえば昔、女優なんていうのは美人がなるもんだと思ってたんですよ。私が合格したのは、新劇だから、映画スターじゃないから、舞台だから、遠目で色を塗っちゃえばいいんだから、ということで受かったのかもしれない（笑）。

私はこういう姿をしてるんだな、と自分の姿を俯瞰で見るんです。私は自分の姿を見ていて、こういう自分なんだっていうのがわかってる。その間違いがそんなにないんですよね。

だから、思い通りにいかないってことがないんですよ。

奥地　難があるのは当然、という感じでしょうか？　でも、これがなかなか参っちゃうんですよね。幸せになりたいとか楽になりたいとか、どうしても思っちゃうので。

樹木　幸せって、ずーっと今日も何もなくて幸せ、明日も何もなくて朝昼晩食べて幸せ、っていうふうには思えないものなんですよね。

いろんな局面があって、ふっと、「ああ、今日のお昼はいいお昼だったな」っていうこともあるわけです。糾《あざな》える縄《なわ》の如《ごと》しで、人間というのはそういうものだと思えば、私は逆に幸せというものを余計に感じるんじゃないかと思うの。

とにかく私は、子どもの頃は〝自閉症〟でずーっとうちにこもっていて、懐手《ふところで》してずーっと人の姿を見てる子だった。だから逆に人の姿がよく見える。でも結果的に、役者になったときはそれがすごく活きたのね。

もちろん子どものとき、親は心配したと思いますよ。こんなのでちゃんとした人生を送れるのか、と。親たちは今でこそ子どもの人生をじーっと見てるから、子どもが自由にしようと思っても、ふっと振り向くとお父さんお母さんがこっちを見ていて、自由にできないということがあるけれど、私のときの親は、私の人生になんてかまっていられないぐらい、自分が食っていかなきゃならなかったから。

奥地　必死でしたでしょうね、当時の親は。

樹木　はい。だから、ほっぽってくれた分だけ育ちやすかったんですよね。

奥地　そのような親のもとで、どんな子ども時代を送られましたか？

樹木　私は4、5歳のときに、落っこって頭を打って、その日からおねしょをするようになったから、小学校の高学年ぐらいまでずーっと、泊まりに行くのにビニールを持っていっていました。

そういう子って、今いたらどうですか？　お友達になってもらえないと思うのね。ビニールを持って泊まりに行くなんて（笑）。

だけど、そういうことに対して親が怒らなかった。私が咳したりなんかして休んだりすると、「啓子《けいこ》ちゃん、啓子ちゃん」（本名）って父親が、「学校休んだのね、こっちおいで」って、そういう親だったんです。

奥地　受け入れてくれたということですか？

樹木　受け入れてくれたとか、立派なものじゃないの。でも、居場所がないとかそんなのはなかった。それが〝当たり前〟っていう感じ。これは楽でしたね。

奥地　お孫さんの子育てには、どういうお考えで関わっておられるのでしょう。

樹木　子育ては親の責任だから、親がやればいいと思ってます。だけど、子どもの逃げ場所がないのはね……。

やっぱり、うちの娘も婿《むこ》（俳優の本木雅弘）も、子育てに一生懸命だから、一生懸命向いちゃうわけですよ。そうすると子どもが嫌がる。「しつこい。もう。はあ」っていうのがわかるから。でも、それを言うと今度は娘が怒るから、だからなんにも言わないでじーっとしてる。

二世帯住宅に住んでるからよくわかるの。それで子どもがもう限度だなっていうときに、私がひゅっと出てきてちょっと声をかける。

たとえば、こういうこと言うと本人がかわいそうなんだけど、孫のひとりは男の子で、17歳で190センチ（当時）もあるんですよね。成長ホルモンをいっぱい食べた豚や牛を、外国に行って食べちゃったときから、グアーンと伸びちゃって（笑）。怖くなって、私も「もう帰っておいで」って言っているんだけど、結局その調子で伸びちゃったから、頭に実が入らないっていう（笑）。先行きが心配なのよ。

だけど、それをあんまり言うとかわいそうだから言わないで、「どういうタイプの女の子が好きなの？」とか、ちょっとからかったりなんかして。「モテるでしょう？」「かっこいいね」とか、私はそんなふうに言うの。

奥地　じゃあ、すごくいいおばあちゃんって感じですか。

樹木　でも、いつも言うわけじゃなくて、やっぱり私はじーっと見てるタイプだから。私が夫の姉に、「もうひとりになっちゃったんだし、孫と一緒に住んだらどうなの？」って言ったら、「冗談やめてよ、この年になって孫と一緒に暮らすのはごめんだわ」

って言うんですよ。やっぱり、自分が自由にならない時間に預けられたりしたらつらいって、その気持ちがわかる。それから、子どもたちがダメなのを見て、そのことに自分の思いが行くのも嫌じゃないですか。だから生活のことはほっといて、と。

できれば、私はひとりでずーっと自由に生きたい、っていうふうに思います。

がんで上出来

奥地　ここまでは家族とのお付き合いのことをおたずねしてきましたが、ご自身の病気との付き合い方についてもお聞かせください。想像ですが、やっぱり病気、特にがんなんて言うと、落ち込んだり平静でいられなかったりすると思うのです。
樹木さんは、がんだとわかってから、どうやってそれと付き合いながら生きておられるのでしょう。

樹木　この年になると、がんとかそういうのはあって当たり前なの。

ただ私の場合は、ちょうど発症したときに、スマトラ沖の大地震（２００４年12月26日）というか、大津波にもろに遭っていたんです。

当時、タイのチェンマイを舞台にした象の話（映画『星になった少年』）があって、おばあさんの役だったんです。衣装合わせも全部して、その年の暮れに仕事だったんですけど、10月にがんだとわかったから、仕事をやめて治療にあたることにしたんです。

そんな家の掃除をしていた暮れの26日に、3・11のときと同じようなすごい映像が……。あそこはもっと観光地でしたからね。がんになっていなければ、私はここでこの大津波に遭っていたんだ、ということを実感しました。

そのときに、「どういうことであれ、そういうことに出会うのが私の人生なんだ」と、「がんで死ねるなんて、ありがたいことにベッド、あるいは畳の上で死ねるなんていうのは、上出来な人生じゃないか」と思ったんです。

津波でさらわれて、まして孫なんか連れて遊んで、誰かひとりでも死んでたらもう、一生それを抱えていかなきゃならない。自分が死ぬんならいいんですよ。でも、そのことを考えたら、いやあ、もう震えが……。怖気《おぞけ》がするぐらい。そこで「私は上出来じゃないの、がんで」って思ったんです。

奥地　でも、なかなかすごいですよね。大津波で亡くなるというのはたしかに避けたいことではありますが、それでもがんでよかったとは、なかなか思いにくいと思うんですけど。

樹木　私の考えですけど、がんっていうのは、三畳の部屋にひとりで住んでいたのが、急に30人になっちゃったみたいな、そんな感じなんですよね。ひとりひとりは、正常細胞なんですよ。だから、そこにぎゅーっと30人も入っちゃったら、三畳の部屋ではにっちもさっちもいかない。そういう考え方。

今日明日で死にはしないのよ。ただ、それを治療する仕方によって、ほかのところにいろいろ（不具合が）出てくるんじゃないかな、っていうのが私の結論だった。だから、がんを引き受けましょうというふうに思ったの。がんと向き合ってやっつけるんじゃない。やっつけるってことは、正常細胞もやっつけるという感覚だから、それはやめた。

あれからもう10年。2、3回は再発しているんですが、最初だけは（治療で）切りました。でもそれがまずかった。今でもその不具合がいろいろ出てきますから、転移するわけですよね。

だから、戦うんじゃなくて引き受ける。そういう生活習慣になったんだから、自分の生活をもう一度見直してみる。食べ物はどうか、飲むものはどうか。ものの考え方をもう一度見直してみる、っていうふうになっていったんですね。

夫に対しても、それまでは「向こうだけが悪いんじゃなくて、こちらも悪いんだ。

縁があるからには」というふうに無理やり考えていたけど、それ以来はもうまったくなくなった。「あ、そうなんですね」というだけ。

誰かがなんか言っても、「それは違うわよ」っていうのはまずないです。まずは「あ、そうなの」と受け入れる。

奥地　包容力がある、ということでしょうか？

樹木　包容力とかじゃなくて、なんにも考えないでただ受け入れるの。

奥地　よっぽどの「悟り」なのかな、と思うのですが。

樹木　そうじゃなくて、あんまり責任を感じないのね。まずそうしてみて、ちょっと違うと思ったら、「なるほど、そういう考え方でそちらへ行くのね。それじゃあやっぱり一緒に住むのは無理かな」というふうに結論を出すの。

マネージャーがいないのだって、マネージャーの人生をずっと引き受けなきゃならないんだな、と思うと私にはその責任が取れないから。仕事だって自分で選べるし。そういうことなんです。

奥地　食事とか薬とか、生活の仕方も変えられたんですか？

樹木　まず薬は飲まないですね。それから食べるものは、あんまりサプリメントとかそういうのをすぐ買っちゃうタイプではないので。それでも買った包丁とかはありましたけどね（笑）。まあ、そういうふうに（生活を変えること）はしませんでした。

　同時に削《そ》いでいきます。自分を削いでいくの。だから、極端にモノを排除していくんです。「いらない」って。

奥地　シンプルになるんですか。

樹木　さっぱりとしましたね。だから髪の毛も染めない。女優なんていうのはね、白髪がすごく大事なの、本当は。財産なのよ。ところがキレイな女優に限ってね、白髪を茶色に染めたりするの。それはいいの、それでずっとやっていけるんなら。

　だけどみんな、ちょっと面倒臭い役をやりたくなるみたいなのね。私もいい仕事がしたいわ、なんて。そうすると、それがお婆さんの役だったりすると、二重に染めるんですよ。白髪を染めるのをやめてそのまま出るんじゃなくて、染めた上に今度は白く塗るんです。だから、利尻島《りしりとう》の昆布みたいになるの（笑）。粉ふったみたいに、嘘みたいな髪の毛になっちゃうの。
なんて言っていいかわからないけどね、そういうのをどうして美しいと思うのかなあ、と思う。顔もそうだけど。「世間一般がこうだから私も」っていうんじゃなく、「私の場合はどうなの？」っていうふうに考えると、案外楽なんじゃないかな、って思うんです。

奥地　そういうしなやかな生き方、考え方はどこで身につけられたのでしょうか。

樹木　年を取っていくとね、どんどん自分の身辺の整理をしていくでしょ。人間関係もはっきりしてくる。モノも遠ざかっていく。
そうすると、自分のことは自分ができる範囲内で生きて、人に迷惑をかけないでいればいいかな、って思うようになる。「もっともっと」っていうふうには思わなくなる。

奥地　欲を出さないということですか？

樹木　欲って、奥地さんにはどんな欲があるんですか？

奥地　もっと物事をうまくいかせたいとか。

樹木　それはねえ、自分だってうまくいかないんだから、まして人をうまくいかせるのは難しいんですよ。私は人を動かそうとはあんまり思わない。

奥地　人を動かすほうが難しいですよね。そういうときはあっさりとあきらめるというか、あまり人に対して不満を感じることはないのでしょうか。

樹木　うんとありますよ（笑）。うんとあるんだけど、それは、向こうも私に対してあるだろう、と思うから。人というものは、そういうものでしょう。

奥地　もしそういう言い方ができたらずいぶん楽だろうな、と思います。樹木さんにとって人生は楽ですか？　難あり、とおっしゃっていましたが。

樹木　病気という難があって、よいしょ！　ってすぐには動けない、何かものが落っこってもすぐ拾えないという自分の力量を知ったときに、「ここらへんはお任せで、ここは私ができる」っていうのが見えてきた。

病気になったおかげで楽になったと思いましたね。あきらめるっていうとちょっと語弊があるけど、そうじゃなくて自分の分を知るっていうかな。楽になりました。

あと、私の場合は親がもう死んでますから。今の人は気の毒よね。90歳、100歳になっても親がまだ生きてる。そうすると子どもは、逆縁《ぎゃくえん》になっちゃいけないから頑張って生きてなきゃならないけど、私はそういうのもない。とてもありがたいんです。

9月1日

奥地　それでは、ここからは、会場のみなさんから樹木さんにお尋ねしたいことがあれば出していただきたいと思います。

――今日はありがとうございます。不登校新聞社です。この7月に内閣府で初めて、9月1日に子どもの自殺が多いというデータが出ました。これから9月1日、つまり二学期初日を迎えようとしている、すごく苦しい、つらい、学校に行きたくないという子に対して、何かメッセージをお願いできますか。

樹木　たしかに、学校も新学期が始まりますわね。そのときに、苦しくって行かない子、あるいはその行かない子がいる家族の、その気持ちはわかるんです。みんなが「おはよう！　今日から学校だね」というそのときに、自分は行きたくないってなったときの。

ただ私は、行きたくなくて行かないでも、親が「いいよ」と言うんだったら、それでいいんじゃないかと思うの。よく会社員が会社をクビになっちゃって、でも妻の手前、弁当を持って出ていくんだけど、行くところがないからずーっと公園でぼーっとして、夕方になると帰ってくるっていう話がある。あれはつらいだろうなあ、と私は思ったんだけど、それは誰かに対しての思いだから。

私は、自分のうちにそういう子がいたときに、私の父親じゃないけど、「行かないでいいよ。こっちおいで、こっちおいで」って言うぐらいでいいんじゃないかなあ、と思う。それも、なんにもしないんじゃなくて、自分も何かしながら、掃除でもなんでもいいから、これやって、あれやってって言うの。

やっぱり人間っていうのは、どんなつまんないことでも役目っていうのかな、「お役目ごくろうさん」って言ってもらえると、特に子どもはやる気になっていくんじゃないかと思うから。学校自体にそれだけ嫌なものがあるんならば、私だったら行かせないと、行かなくていいと、そういうふうに思うの。

子どもも、ずっと不登校でいるっていうのは辛抱がいることだと思うの。うちの夫がある日こう言ったの。「お前な、グレるっていうのは大変なことなんだ」「グレるっていうのはエネルギーがいるんだ」「グレ続けていくっていうのも苦しいんだ」って。ある意味で、そういうことじゃないかと思うの。

そうだとすると、不登校でも、ある日ふっと何かのきっかけで、学校はやめるかもしれないけど、もっと自分に合った、っていうと自分中心だけどそうじゃなくて、自分がいることによって、人が、世の中が、ちょっとウキウキするようなものに出会うということが、絶対にあると思うの。

だから、９月１日に「嫌だなあ」と思ったら、自殺するよりはもうちょっと待って、世の中を見ててほしいのね。必要のない人なんていないんだから。

んー、だから、その考え方だわね。必ず必要とされるものに出会うから。そこまでは、ずーっといてよ。ぷらぷらと。

とにかく、死ぬなんてのは（やめて）、大丈夫！　ね？　年を取れば、必ずがんとか脳卒中とか心臓病とかで死ねるんだから。無理して死なないでいい。

私ね、養老孟司《たけし》さんに、「臓器提供っていうのがあるけど、あれは大丈夫ですよ。希林さんや僕なんかは提供してても使ってもらえないです。若い人の臓器はありがたいですけど」って言われたの（笑）。

臓器提供しろってことじゃないですよ？　やっぱりその年その年の意味があるんですよ。生きている意味がある。私はそう思うから、どうかそんなつまらないところで……そう思わないでほしいのね。

余談ですけどね、宗教とは関係なく、これからの世の中は、目に見えるものしか信じないか、目に見えないものも受け入れるかで、ずいぶん歩いていく道が違ってくると思うんですね。

目に見えないものっていうのが私はわりかし好きで、そういう本を読んだりなんかするんだけど、どうも死ぬときのつらさみたいなものは、魂は、エンドレスだっていうのをいろんな本で読むんですね。

自殺なんていうのは、生きようとする肉体の細胞を無理やりシャットアウトするわけだから、自分の肉体ではあるんだけど、細胞の気持ちと相反してるわけです。苦しみをエンドレスでずーっと感じる、死んでも楽にならないんだっていうのを読んだときに、ああ、そうだなあ、だったらどれぐらいまで生きられるかなあ、って思った。

命がほしい人がいっぱいいるの。私はいろんな金持ちをよく見てるんですけどね、最終的に行き着くところは、何がほしいって、命がほしいんだそうなんですよ。そういう人でも、命がもらえなくて人間は死んでいくのね。

そういうのを考えたら、もったいないないじゃない。

こんなところで私が「もったいない」って言ったって、死のうと思っているのは、そこから逃れたいからそうするんだろうけど、この「逃れられない」ってことを、誰かが言ってくれないかなあ。

子どもには子どもの世界がある

奥地　今の9月1日の話は、学校がつらくてつらくて、でも始まっちゃうからそういうことが起きてしまうんですけれども、樹木さんにとって学校というのはどういう場だったのですか？

樹木　処世術みたいなのが必要でしたね。子どもなりに。大人からしたら「何そんなこと」って思われるけどね。やっぱり……あるんですよ。

うちのいちばん下の孫が5歳（当時）なんです。これが実にハツラツとしていて、上のふたりとはまったく違ってよくしゃべる。それで顔が誰とも似てないから、どういう人になっちゃったのかなと思ったんですけど、その子がある日、いじめに遭ったんです。イギリスでの話ですけど。

それで、うちでもしょぼーんとしてる。まだ小っちゃいですから親も心配して、先方の親に言った。そしたら、その親がいじめてる子に言ってくれたのかな。寂しがってるみたいだと。

するとずいぶん経ったある日、その無視してる子がうちの子どもに声をかけたの。そこからパーッと変わったっていうのね。親がいくら慰めても、何しても、しゅんとなっちゃってたのが、一言でパーッと変わったって。

子どもには子どもの社会があるんですよね。大人から見て「そんなの！」って言ったってだめだから。そういうときはもう、寄り添ってやるしかないかなと思っています。あんな子でも落ち込むんですよ。

いじめる人といじめられる人っていうのは、表裏一体ですからね。私も人をいじめたことがあるし、いじめられたこともある。自分の中に何か、人をいじめるそういうものがあるのは見えていましたね。

今考えるとよ？　そのときはわからなかったけど。

人間は誰でもそうなんです、ということが、どうやったら伝わるかなあ……家族の中で。不登校の子どもよりも、私は親の価値観（の問題）なんだと思うんです。

もっと、何かと比べるとかはなしでいいじゃないですか。違っててもいい。

奥地　本当に、「その子はその子でいい」って言えたらいいのですが……。親がほかの人と比べて「どこどこに進学できないの？」とか、「ちょっと苦しくたって学校は行ってよ」とか、「学校に行かなくなるとあとがやばいんじゃないか」って思ってしまう。それで子どもはしぶしぶ無理に学校へ行く。そして、そこにはやっぱりつらいことが待っていて、死を考えてしまうという流れがあるんです。

樹木　そうですね。親の期待……。

余談ですけど、ＮＨＫのお笑い番組で『ＬＩＦＥ！』っていうのがあるんです。その中に「宇宙人総理」(同番組の人気コントのひとつ)っていうのがあるの。その人の母の役をやらせてもらったんです。まだオンエアされてませんけども(2015年9月3日放送)、宇宙から息子を迎えにくるっていう、ただそれだけの話なんです。

その中で、「総理大臣だからってなんでも思い通りになると思ったら大間違いですよ」って私の台詞があるのね。それで「そんなことはわかってます」って、青い顔をした総理が言って宇宙船に乗ろうとするの。

そのときに私が、「上に立つものは、反対する人の、たとえ少数であっても、意見を受け止めなくちゃだめなのよ」って去ろうとするわけ。(そこで息子が)「待ってください!」と言って、タラップが上がっていく。

その瞬間に私が、「あなたはなんてことない普通の子だった。それが総理。母は詫《わ》びています」っていう台詞を言うのよ。これはまあ、自分で足したんですけどね(笑)。そう言って去っていくんだけど、それは私の気持ちなの。もしも私の息子が本当に総理になったとして、あんなに過酷な仕事はないと思うんですよ。総理になった子どもが苦しんでるのを見て、「ああ、こんな道じゃなく、あなたはなんてことない普通の子だったのに、かわいそうに。総理……、母は詫びております」って、これは本当の気持ちなのね。それがカットされるかどうかわかりませんけども。

でもそれが常々の、私の子どもに対する気持ち。普通はトップになるって言ったら、大変な難関を突破してなっていくわけじゃない。それが幸せだと私にはとても思えないから、「ああ、かわいそうに。母は詫びてます」という台詞が、自分ですごくしっくりきたの。

しんどいときほど、笑うの

――先ほどの9月1日に子どもの自殺が多いという話で、「ちょっと社会を見てみれば」と話されていましたが、たぶん樹木さんにもしんどいときがあると思うんです。そのときにどうやり過ごせばいいのかを教えてほしいです。

樹木　そんなの簡単よ。私にもしんどいときはもちろんあります。

昔の井戸のポンプってね、シュポシュポシュポってやっても、最初空気しか出てこないの。それでもそのあとずっとやってると、だんだん水が汲《く》み上がってきて、一気にジャバーッと出るの。

それと同じように、しんどいんだけど、そのときに「しんどい」って顔をしないで、こうやって笑うの。笑うのよ。ね？　あんた頑張ったわよって、頭をなでて、笑う。

ほかの人がいるときにそうやってたら馬鹿みたいだけど（笑）、そうやって笑って、「いいなあ、いいなあ」って言ってるうちに忘れちゃうの。井戸のポンプじゃないけど、形から入るっていうのもひとつの方法かな。美味しいものを食べてみようとかさ。私ね、美味しいものって、人と食べるのが嫌いなの。しゃべってるとどんどん飲んじゃってさ、ここはもっと噛み締めたいなと思ってるのに「ええ、そうですね」なんて余計なことを言ってるうちに、なんかつまんないことになっちゃうから。美味しいものはひとりで食べる。それが、私のテクニックなの。顔で、形で、嬉しいっていうふうにしてるうちに、忘れちゃうっていうこと、ありますよ。

人に期待しすぎない

――「いじめは表裏一体」とおっしゃったことに、すごくハッとしました。

樹木 だってそうでしょ。自分の中に、差別するとかいじめるって感覚がない人なんて、いないもん。

――やっぱり、子どもが自殺するとすごくショックを受けます。子どもたちの自殺を踏みとどまらせようとするとき、親だったり周りの人だったりは、思いや考え方をどう変えればいいのかな……と。その答えが見つからないんです。

樹木　あのねえ、そんなに難しいことが簡単に……。「Aの次はBです。Bの次にここに隠れているCがありますから、これを避ければDに行けます」なんて、そんな簡単じゃないのよ、人生は。

そういう不幸な思いをしちゃったときに、反省して自分が憂鬱《ゆううつ》になっちゃったらまずいんだけども、んー、踏みとどまるのも難しいことですよね。

んー、んー、なんとも返事できない、そんなの……。

でも、苦しそうに見えない人にも、別の苦しみがあるんです。その人にとっての。それこそ虫歯が痛いと言ったって、肩代わりしてあげることはできないわけだから、その痛さはその人が抱えるしかない。もうこれっきりないわね。

なんとも言えないわ。そんなことがすっと言えるんなら、みんな尾木ママみたいになれちゃうんじゃないの？　なかなかこんな、できないわ。

――「その人が抱えるしかない」と言われましたけれど、やっぱり周りの人が支えて、一言でもその思いやる気持ちや言葉をかけてあげられると、きっと変わるんじゃないかなと……思います。

樹木　それはそうですよね。がんになってすごく得してるのは、がんの人に会ったときにおたおたしないことなの。

それと同じように、自分でも不幸な思いをした人が、不幸な思いで苦しんでいる人に会ったときに、すごく気持ちをわかってあげられることがある。いちいちいちいち説明しなくても、顔を見てじーっと寄り添える。それが〝寄り添う〟ことだと思う。

それをしてもらえれば、ああ、同じ苦しみなんだなって、気持ちがすーっとなる。そういう人がひとりでもいると幸せだわね。

でも、それを人に期待しちゃまずいから。気がついた人が、そういう思いでもって寄り添っていくしかないのかな。それはすごく〝有り難い〟ことですよね。同じ痛みを抱えた人が寄り添ってくれるのは、すごく力になります。

奥地　これは不登校も一緒でして、不登校の親の会とかだと、すごく安心して話せるんです。ところがＰＴＡの中で「うちの子がちょっと不登校していて」と言うのは、なんだかしゃべれないし、しゃべってもわかってもらえない。虚しい気持ちになる。経験した人同士で話せるっていうのは、すごくありがたいし支えられるし、そこから学ぶこともできるって感じですよね。

樹木　お互い、なんですよね。たまたまその人には不登校の悩みがあるけど、別の華やかにしているＰＴＡの会長さんが、じゃあ何もないかと言ったらとんでもない。

「えー！　こんなことがあるの？」と、その傷を覗いてみたら、本当に涙なしでは語れないことがあったりするのよ。それが人間なのよ。
私はお友達はすごく少ないんですけども、でも、人の気持ちをわかろうとする。わからないんですけどね。それが寄り添うことなんだけど、そうすると、人もやっぱり私の苦しみに寄り添ってくれる。口では何も言わないけれども、寄り添ってくれるんだな。それが人間社会だな、と思って生きてます。

死を特別視しない

――「がんで死ねたら上出来」というお言葉が非常に印象的でした。私は10年前に介護職をしておりまして、病院では亡くなる方が多くいました。自分も2年前に入院したことがありますが、病院にいるとやっぱり不安な気持ちになる。私は今年で30歳ですけど、それがあって死ぬことがちょっと怖いと思い始めてきました。そんな中で、樹木さんが「がんで死ねたら上出来」と考えるに至った経緯を教えていただけないでしょうか。

樹木　家族はどういう構成で住んでるの？　おじいさんおばあさんは？

――父と母と私と3人で暮らしています。父方の祖父は亡くなったんですが、母方の祖父母はまだ元気です。一緒には住んでいません。

樹木　それまで元気だったおじいさんおばあさんが死んでいく姿をね、ぜひ見せてほしいと思うんですよ。それが役目だろうと思うんです。子どもたちには、そういうのをちゃんと見てほしいの。

今まで生きてた人が死んでいく。死っていうものは日常なんですよね。生きるも日常、死も日常なんだけど、今はどうもほら、核家族になってずいぶん経つから、死を現実に見る機会が少なくなっているから、すごく怖いのよね。

でも、まさに今目の前でしゃべっていた人が、「ああ、美味しかった」って、ふっと死ぬ。もうなんにもしゃべらなくなる。そういうのを見るのだって、日常。それから病院で、おじいさん、あるいは近しい人がジタバタするのを見ながら、なんにもしてあげることができないのと感じるのも、日常。

介護職をしてらっしゃるなら、そういう場で見ることはあるでしょ?　だけど、本当によく知ってる人が死ぬということは、わりかし財産ですよね。そういう場面に出会い、見るということはね。

――そうですね。若いときに先輩が亡くなるのも見たので……。

樹木　そうよね、ズシッとくるわよね。だから、死というものをあんまり特別扱いしないの。だって、みんな死亡率100％なんだもん。

怖いのは当たり前なの。だから、怖いというのを変だと思わないでよ。怖いのよ。逝《い》ったことがないんだから。

土地勘だってそうじゃないの。宇部《うべ》（山口県）って場所へ行ったことがないと、なんだか来るのも怖いのよ。だけど何度も行っていれば、「ああ、知ってるよ。あそこでしょ」っていうふうになる。死ぬということがさ、慣れてないから怖いのよ。私は別に怖いとは考えてない。向こう側にいるのもこっち側にいるのも地続きだと思ってるから。

怖いと思うのが当たり前。だから、そうやっていろんな死と出会って、だんだん成熟していくんだと思ってください。

あなたの苦しみは、あなただけのもの

――私はいろいろな腫瘍《しゅよう》ができるタイプなんですが、60歳のときに親しい友人をがんで亡くしました。親友なのになかなかお見舞いに行けなかったんです。なんて言葉をかけていいかわからなかった。でもいよいよだと連絡を受けて、一度会いに行きました。そのときに親友が、「みんなお見舞いに来て『元気になるよ、またお茶でもしよう』って帰っていくけど、そんなことありえへん。そういう言葉をかけられるのはつらい。よけい惨めになる」と言いました。私はそのときに「ああ、そうだよね」って言ってしまったんです。それ以来、悔やみがあります。何を言えばよかったのか……。

樹木　そこでどう言ったってもう、励みにならないんですよ。その方にとっては。

それがお互いにわかってる。それでも会ったんでしょ。なのにあなたは、言葉をかけてあげられなかったということをいつまでも思ってるから、腫瘍になっちゃうの。いいのよ、もう。先に逝っちゃったんだから。自分も逝くんだから。ドラマと違うんだから。人生は笑っちゃうことばっかりなんだから。そのときにいい返事ができなくてもいいの。

私なんか、母親が「私、今回はダメみたい」って言ったときに、ちゃんとしとかなきゃなんて思いながらも「そうなのよ〜」って言っちゃった。でも、「ああ、母親にあんなこと言っちゃった」なんてちっとも思ってないの。順番だもの。親のことだからそうやって言えるんだけど。他人にはね、あんまりそういうふうには言えないけども。

まずはそういうふうに、少し自分を突き放してみたら？　あなたは、その苦しみはあなただけのものだと思ってるから、「なんとか言葉を」って思っちゃうんだけど、私にだって苦しみがあるのよ。だから、「お互いに人間の人生をやってきましたね。じゃ、これで」って、そんな気持ちでいいと思う。

私はその人より、あなたのありようのほうが心配よ。いつまでもそんな……。それはもう忘れて、また別の、何か世の中の役に立つほうに考えを変えてください。

――ありがとうございます。

人間の怖さ

樹木　今日は私、最後にこの話をさせてもらいたいと思うの。

杉原千畝《ちうね》（外交官、1900～1986）という方を知らない人はいますか？

あっ、結構いるのね。（第二次世界大戦中に）ユダヤ人のビザを出していいですか、と言ったら、協定を結んでいるドイツから逃げ出してくる敵にビザを出すことはならぬ、と日本国から言われたんだけど、命令に背いて6000人のビザを出したわけ。

その人によって助けられたユダヤ人というのは、今20万人ぐらい世界にいます。力のある人たちもいるから、1986年に杉原さんが亡くなったときに、そうそうたる人たちが鎌倉まで探し探して、お礼に、それこそ最後のお別れに来てくださったらしいんです。

その人（杉原）は岐阜県の八百津町《やおつちょう》の出身なんですね。八百津町っていうのがこのあいだ町政60年ということで、私が行ったんです。

そうしたらば、いま八百津町では村起こしをするのに、杉原千畝の素晴らしい業績を、あるいは千畝通りとかをつくって、宮沢賢治の花巻《はなまき》（岩手県）みたいに盛り上げようと頑張っておられるのね。

ところが、杉原千畝が日本でやっと認められるようになったのは、平成になってからなんですよ。

昭和20年に戦争が終わって帰ってきたときに、杉原さんは国賊なわけです。外交官でありながら国に背いたということで、一切仕事がもらえなかったの。生活がすごく大変だった。町の人たちも、「杉原はなんだか悪いことしたらしいよ」ということで、とても過酷な人生を送った。だから、日本で杉原千畝という人を表に出すようになったのは、教科書やなんかでも最近だろうと思うんです。

それでうちの190センチになっちゃった孫が、たまたまスイスで、中学1年のときに「杉原千畝がねって……」ってしゃべってるから、「なんでそんなこと知ってるの?」って聞いたら、「学校で教わったよ」って言うから、むしろ、よその国のほうがずっと評価が高いわけよ。

さあ、それで私は八百津町へ行って、みなさん(町の人たち)を見たときに、みんないい人なわけでしょ?

私が言いたいのは、もし自分が八百津町の人間だったらば、その時代に、そこにいたときに、杉原千畝をちゃんと評価したかどうかっていうこと。そういうふうに思うと、私もしてなかったと思うのよ。

今頃になって「私は違う」と言うことは簡単です。だけども、自分が八百津町の人だったらどうかって考えたときに、「いやいやいや、そんなこと言えない。私もみなさんと同じように差別しただろう」と思う。ここが、私が学ぶ点なんですよ。

「なんだ、あんなことして」とかって言うのは簡単。何十年も経って、もう千畝さんが亡くなっていて、そこへ外国からお礼の人たちが弔問《ちょうもん》に来てはじめて、「すごい人だったんだ」とわかった。だから今は、シンドラー(ドイツ人実業家、大戦中に1200人のユダヤ人を虐殺から救った)じゃないけど、「この人はすごい」って言われるけれども、私は千畝さんのようにもなれないし、逆に、日本の国民だったらば差別しただろうな、と思うの。

戦後70年経って、たまたまうちの婿が昭和天皇（映画『日本のいちばん長い日』2015年）を演《や》らせていただいて、はじめて天皇の孤独、決断、寂しさみたいなものが描けるようになったわけですけれども。今はなんかもう、誰が悪いって本当にわからない。あれが悪い、これが悪いというのは言えても、あの戦争を、自分だったらどうだったか、っていうふうに考えてみる必要があるんじゃないかな、と思うし、千畝さんの評価に対しても、これは他人事じゃないな、と思います。

私はたまたま沖縄に行ったり、満蒙《まんもう》開拓団（満蒙開拓平和記念館）とか、知覧《ちらん》（知覧特攻平和会館）だとか、無言館《むごんかん》（長野県上田市）みたいなところに行かせていただいて、いろいろ取材させていただきました（東海テレビ『戦後70年 樹木希林ドキュメンタリーの旅』）。

結局、この戦争の何が嫌だって、外国と日本の戦いで悲惨だからというのが基本的にはあるんですけれども、それよりも、自分の身の周りの人、町内の人、あるいは世間の目、近所の目、そういうもので戦争に行かせてしまったり、それこそ兵隊のあれ（入隊試験）に合格しなかったら恥ずかしいと思う人がいたりすることなんです。

たとえば、沖縄で捕虜になった夫婦がいるんですね。でもすぐ返された。その夫婦は米軍から缶詰とかいろんなものをもらって返されたんだけど、そのあと日本軍の兵士によって虐殺されちゃうの。スパイなんじゃないかって。

映像で見ても、普通のおじさんとおばさんなの。とてもじゃないけどスパイなんて感じじゃないの。それで、その親戚の人が言ってるの。「米軍はぜんぜんひどいことをしなかった。むしろいろんなものを持たせて解放してくれた。そのあとが大変だった」って。それで日本のそのときの長官、軍隊のいちばん上の人に、「そういうひどいことをしろと言ったんですか?」って、キャスターが聞いたらば、なんと言ったかというと、「私は殺せとは言ってない。始末をしろと言っただけだ」って。ね? この怖さ。

わかってもらえなくて〝当たり前〟

樹木　とにかく、私は今回いろいろ動かしていただいて、ああ、これは他人事ではないな、と。不登校の問題も、いじめの問題もひっくるめて、これは自分の中にある縮図だな、と思いました。

上のほうの人たちは、自分の上司がやったことだからってお辞儀はするけど、ほんとはそんなもので解決するものでないのはわかっている。水に流すっていうのはね、日本人のすごくいいところなのよ。だけど危ないことなのよ。

だから、私は今日ここに来て、みんなそれぞれの苦しみを抱えていることがわかったんだけど、それを「わかってくれ」って、「わかってくれない」って、嘆いても始まらないの。わからないの、人の苦しみは。

自分がその場に立ったときに、はじめてわかる。だから、もちろんわかってくれる人がいるのは幸せではあるけれども、いなくっても、それでへこたれないで。わからなくて〝当たり前〟なんですよ。

ただ、今は、「わかってもらえなくて当たり前なんだ」と思ったときに、もっと楽になっていくんじゃないかな、というふうに思いました。

そして、いちばん怖いのは、「自分は大丈夫」「自分はそんなひどい人だとは思ってない」っていうこと。自分の中にあるその残忍性、残酷性です。

私は、私の中の〝悪〟というものはあって当たり前だと思っているから、あんまり人とものることがないんじゃないかな。

だから変な人を見ても、「いや、私も変なのよ」って言える。その基準がちょっとあれ（微妙）ですけども、今はそんなふうに思います。

奥地　ありがとうございます。今日はなんだか本当に、樹木さんは人間として謙虚でいらっしゃるのだという感じを受けました。

樹木　いや、謙虚っていうと言葉がよすぎるな。その通りのことなのよ。

奥地　もっとお話を聞きたいところですが時間が来ました。最後のお話の、自分のこととして社会を見るというのが、とても大事なんだなというのが伝わりました。

樹木　「差別をなくそう」ってみんなよく言うんだけど、差別って、あるのよ。

私はそう思ってる。なくそうっていう気持ちはわかるけれど、「差別はあって当たり前」というところからものを考えていくと、そんなに大変じゃないんじゃないかと思うんです。

今日はどうもありがとうございました。

第二部　内田也哉子が考えたこと

対話1

石井志昂さん（『不登校新聞』編集長）

樹木希林の最期、9月1日への想い

2018年9月15日にこの世を旅立たれた樹木希林さん。生前、自ら命を絶ってしまう子どもたちに対し、悲痛なまでの想いを寄せていた樹木さんを、最も間近で見ていたのが娘の内田也哉子さんでした。

そんな〝母の想い〟の原点を探るため、2019年2月12日、内田さんは、王子(東京都北区)にある全国不登校新聞社を訪れました。同法人は、学校に行けない子どもたちに学校外の居場所・学び場を提供するフリースクール東京シューレ王子の一角に事務所を構えています。

東京シューレは、登校拒否・不登校の子どもが激増するさなかの1985年、奥地圭子さんによって開設されました。土台となったのは84年にスタートした「登校拒否を考える会」という親の会。日本唯一の不登校専門紙である『不登校新聞』もまた、奥地さんが中心となり98年5月1日に創刊したものです。

きっかけは97年8月31日、2学期から学校に行くのをためらったと思われる子どもの焼身自殺と鉄道自殺、同時期に別の子が「学校が燃えれば学校に行かなくてすむと思った」という理由で学校に放火した3つの事件など。子どもの成長の場は学校のみではない――そんな切実なメッセージを伝えるための創刊でした。

最初の対話は、『不登校新聞』の現編集長・石井志昂さんと交わされました。石井さんは不登校経験者。中学2年生から学校に行けなくなり、東京シューレに通うようになったといいます。16歳から同紙のボランティアとして、01年からはスタッフとして関わっています。第一部に収録したインタビューを行ったのも石井さんでした。

収録前に、まずはシューレ内を見学することに。ゲーム、ギター、卓球など、それぞれの活動に興じる子どもたちを熱心に見つめる内田さん。「週何日通うか、いつ来ていつ帰るか、服装や持ち物、どのプログラムに参加するかしないか、一日をどう過ごすかなど、自分で考え、自分で決めます」――スタッフからの説明を受けて、「ショッキングです」「シビアですね」と率直な感想を漏らしています。

見学を終え会議室に入ると、テープをまわす間もなく会話を始めるおふたり。樹木さんと直接言葉を交わした者として、現場を見続けてきた者として、石井さんは何を語るのか。そして内田さんは、母・樹木希林について何を語ったのか――。

違うことが〝当たり前〟の場所

石井　東京シューレの見学中に「ショッキング」とおっしゃっていましたね。私は14歳から通っていたので、よく見ている光景ですが、内田さんはどのあたりに驚かれたのですか？

内田　自分の子どもはみんなインターナショナルスクールに通っていて、私自身、幼稚園から小学6年生の終わり頃までインターナショナルスクールで育ちました。いわゆる〝日本の教育〟をきっちりと受けていないんです。小学校の最後の半年と、中学校3年間と、高校でちょっと日本の学校に行っただけ。どちらかというと、肌の色も違って、独自の文化があって当たり前、食べ物の嗜好もみんな違うというところから始まっているから、それに近い共通の空気を感じたんです。

石井　なるほど。そういえば見学のときに男性スタッフがいましたよね。実は彼、アメリカ国籍と日本国籍のダブルで、本人いわく、7つ血が入っていると言うんですよ。

内田　へぇ〜！

石井　もともとアメリカに小学生いっぱいくらいまでいたけど、どこにいてもコミュニティになじめなかったんですって。白人じゃないとか東洋人じゃないとか、メキシカンに近いけどメキシカンでもないとか。それで日本に来たら今度は〝外人〟って。

内田　それは身近でもよく聞きます。十把《じっぱ》一絡《ひとから》げにされちゃうのよね。

石井　すごく孤立感を覚えていたそうです。でも、シューレに来て、はじめて受け入れられるという経験をした。私も端っこで見ていたんですけど、ほかのダブルの子が来たときに彼が通訳とかをしてくれるんですよ。あのときは、とても国際色豊かだったなあ。

内田　でも、もともとは日本人が多いんですよね？　そういう中で彼が入ってきたときに、お互い違和感みたいなものはなかったんですか？

石井　それはあまりなかったと思います。そもそも年齢もバラバラで、今日みたいに外からの見学の人も多いので、違うのが〝当たり前〟の中で育つことになりますから。

内田　は〜。「今回はそうきたか！」くらいの感じなんですね。

〝異物〟だった私

内田　私の話をしますが、インターで6年生が終わるとなったときに、「日本の学校に行ってみたい」と思ったんですよ。それで、母が近所の公立に登録してくれたんですが、当時はまだ無認可だったから「義務教育を放棄したことになっている」と言われたんです。[1]今でも覚えていますけど、窓口で「1年生からやり直してください」って。6年生なのによ？　内心「ええっ!?」って思っていたら、母が「じゃあ、それでお願いします」って……（笑）。

石井　その話を以前、報道で聞いて、びっくりしました。

内田　あ、知っていましたか？　私もびっくりしました（笑）。

でも、こちらがすんなり「ルールに従います」という姿勢をとったからか、むしろ向こうのほうが「そういう前例がないので……」って困っちゃったんです。それで結局は、最後の数か月だけ入れてもらえました。

東京の公立だったんですけど、そのときはすごく合わなかったですねえ。私という〝異物〟が突然入ってきたことで、そのクラスにあったコミュニティがざわざわしてしまって。今思えば〝いじめ〟だったと思うんですけど、お友達ができないまま数か月を過ごして、毎日泣いて家に帰っていました。

それで、母は忙しかったから帰ってもすぐにはいなかったんですけど、ある日、私があんまりつらそうだったからか、「やめれば？」と言ってきたんですよね。「そんなにつらいのに、何をガマンしてるの。やめればいいじゃない」って。私まだ、「やめる」の「や」の字も言ってないのに（笑）。

たしかに学校はつらかったんです。でもそのとき、〝自由〟という選択肢をバーンと与えられてしまって、自分の中に変な責任感が生まれたんですよ。やめちゃっていいんだったらやめるのもひとつの選択肢だけど、「あと何か月かで義務教育が終わるんだから」って、誰にも頼まれていないのに「もうちょっと頑張ろう」となったんです。

石井　なるほどなあ。

内田　それでもやっぱり、学校に行くと毎日悲しい思いをする。でも、最後まで成し遂げて卒業式を迎えられたときに、なんとも言えない子どもなりの達成感がありました。その達成感を味わったまま春休みになったんですけど、公立だったらそのまま近所の中学に通えるとわかったので、調子に乗って一日だけ行ってみようと思ったんです。「やっぱりヤダ」と思ったらインターを受け直そうって。そんなフレキシブルな気持ちで行ってみた初日に、私のことを率先していじめていたボス格の女の子から、

1　子どもをインターナショナルスクールに通わせた場合の就学義務については、文部科学省がQ＆Aで見解を示している。学校教育法第１条に規定する学校として認められたインターナショナルスクールであれば就学義務を果たしたことになるが、それ以外だと就学義務を果たしたことにはならない。

「名前なんていうの？」って声をかけられたんです。

石井　ほお～！　でも、2、3か月は一緒にいたんですよね？

内田　うん、ずっといたのに。ただ、私はすごく髪が長かったんですが、春休みに母がご褒美でハワイに連れていってくれたときに、向こうで髪をバッサリ切って、肌も真っ黒く焼けていたんです。そういう意味では見た目が違っていたんだけれども、今になって思うのは〝つきもの〟が落ちたんじゃないかなって。

石井　そっか、達成感で。

内田　これまでずっとしかめっ面だったのが、達成感によってふわっと軽くなったのかもしれない。それで、そんな気持ちで行ってみたら相手は私のことがわからなくて、「えっ？　だって……」と笑っていたら、向こうは「ヤダ！　恥ずかしい、私ったら」みたいになって、ボス格だったその子のことを「なんだぁ、ただの普通の子だったんだ」と思えたんですよね。

向こうは私を〝異物〟として見ていて、心の中に大きな壁を持っていたからこそ、ちょっかいを出したかったんだとわかったし、私自身も、彼女は別に〝モンスター〟ではなくて、ただただ異物が怖かったんだなって思えた。理屈抜きでお互い笑い合って、そこからはものすごく仲良しになりました。クラスのみんなも、その子が認めたらおのずと受け入れてくれるようになって、結果その中学には3年間通って、毎日楽しくてしょうがなくなっちゃったんですよ。

〝責任という自由〟を持たされていた

石井　そっかあ。それにしても樹木さんの「じゃあ、それで」はビビりますね（笑）。学校に入るときも、イヤがるときも同じなんですね。率直にどう思ったのか聞いてみたいです。だって、不登校対応の基本で考えれば、「やめちゃえば？」と言う前に、本人がキツかったら、まずその気持ちを受け止めるんですよ。「それはつらいよね」って。

内田　そうなの！　私、全然受け止められてない（笑）。

石井　ですよね！　そこがない（笑）。

内田　「つらいのになんで行くの？」「あなたが行きたいって決めたんだから、やめるのだって自分で決めたら？」くらいの感じだった。

まあ、うちはもともと母子家庭みたいなものだし、母もすごく自由にさせてくれていたから、ここを見学させていただいたときも、「授業は子どもたちのやりたいことを自由にさせている」と聞いて、「なんてシビアなんだろう」と思ったんです。そしてそれは、自分が成長過程で感じていた不安と同じなんですよ。私は母から〝責任という自由〟を最初から持たされていたから、それがものすごく重かったんです。

石井　「あなたが決めてよ」っていうことですよね。

内田　そしてその結果がどうであれ、まったくそれを責められない。だから〝世の中的に良いのか悪いのか〟っていうところを、私なりによりどころにしてきたんです。

石井　ん？　それはどういうことですか？

内田　つまり、母は「好きなほうをやりなさい」と言うんだけど、世の中的には「こんなにすぐに学校を辞めたらルーザー（敗者）になるんじゃないか」とか、「次の学校に入るのが大変になっちゃうんじゃないか」とか、思われますよね。その感覚を、誰からも教わることなく、自分の中で試行錯誤してきたんです。

　私は〝自由〟が決して心地いいものじゃないことを、小さいときから知っていました。だからお友達の家庭を見ていて、親から「学校が終わったらすぐ帰ってきなさい」とか、「あそこには行っちゃダメ」とか言われているのがうらやましくて仕方がなかった。変な言い方だけど（笑）。

誰が〝世の中〟を教えてくれるのか

石井　今、内田さんは「世の中的には」とおっしゃいましたけど、その〝世の中〟を伝える人がどこにいたのか、ということですよね。だってご両親は……。

内田　破天荒（笑）。

石井　そのようですが（笑）。でもおもしろいのは、小学校6年生の内田さんが、自分で「これは世の中的にどうなのか？」ということを厳しく問うていたということ、しかもその責任をとっていたということだと思うんです。

内田　それが合っているかどうかはもちろんわからないんだけど、「うちの親は変だぞ？　これを基準にしたらいけないぞ？」っていうのは常に危機感としてありました。

父とは一緒に住んだことがなかったから、母がやっぱり自分の中の大黒柱というか、ひとつの大人のロールモデルだったんです。母は精神のよりどころみたいなものをすごく強く持っている人なので、いつもまっすぐ立っていられた。もちろん揺らいではいたけれど、「これだけは譲れない」というものを持っていたということは、子どもなりに感じていました。もちろん、「これは人としてどうなんだろう？」っていう言動も普段から感じてはいたので、その温度差から「これは世間的にはダメなんだろうな」というのを学んでいましたね。

石井　そうだったからこそ、選択肢を提示されたのがよかったのでしょうね。責任を最後まで持てたというのが。真の選択肢を前にして、「これは自分でやるんだ」と決めたことで達成感を持てたというのは、不登校でもよく聞く話です。

内田　そうなんです。それは自発的なものだから。やめると決めたのも自分、行くと決めたのも自分だから、実はものすごい決心なんですよね。

病室で知った母の想い

石井　ずっとお話を聞いてしまいそうなので、そろそろ本題に入りましょうか（笑）。

内田　あっ、すみません！　今日、私が石井さんに聞きたかったのは、世の中、特に日本の社会では、いまだに〝学校に行かなければ一人前ではない〟という感覚が定着しているのかどうか、ということです。

たとえば、石井さんが二十何年か前に東京シューレにやってきたときと現在とで、違いはありますか？　社会との温度差が出てきているのか、それとも、いいほうに向かっているのか。

石井　私が不登校したときと比べると、多少は不登校の認知、それこそ〝9月1日〟の認知は広がっています。[2]その中で、学校に行かずに苦しんでいる子どもが死んでしまう、という現実も認知されてきたのだと思います。

内田　本当にびっくりしたんです、そのことを知って。どうして学校に行けないことが死につながるのか……。子どもたちをそこまで追い詰めたのはなんなのか。

母は2018年の9月1日、ちょうど入院中でした。そしたら病室で、「今日は9月1日だね」と言って、窓の外を眺めながらずっと何かをつぶやいているんですよ。「死なないでね、死なないでね」って。私が「誰に言ってるの？」と言ったら、こういう現実があるんだよって、教えてくれたんです。

石井　そうだったんですね……。

内田　死ぬ理由が、病気でもない、事故でもない。社会に、あるいは自分の中に、〝こうでなければならない〟という何かがあるために、その葛藤の末に死を選んでしまっている子どもがいる。

2　2015年に内閣府が発表した「自殺対策白書」により、過去40年間の18歳以下の累計日別自殺者数は、9月1日（131人／年間1位）、9月2日（94人／年間4位）、8月31日（92人／年間5位）と夏休み明け前後に集中していることが判明。『不登校新聞』がいち早く報じた。

物でも人でも、とにかく母は〝もったいない精神〟のかたまりでした。だからもう、そのときの切実さって、こっちが引くくらいの切実さだったんですよ。それを私が見て、知ってしまったことが、今回のお話につながっています。母がこうした想いを遺していったわけだから、私も少しでもその火種を広げていければと思っているんです。

9月1日の現実

石井　ここに資料があります。樹木さんにお見せしたのもこのグラフでした。これは18歳以下の累計日別自殺者数で、1月1日から12月31日まで過去40年間を足してみると、いちばん高いのはここ、9月1日なんです。

内田　こんなにずば抜けているのですね……。

石井　次が4月の休み明けなんですよ。

内田　ああ、新学期……。

石井　２０１５年6月に内閣府から発表されて、2週間くらいして私もこのデータを見たのですが、当時は1件も記事になっていませんでした。

内田　ええ！　誰も興味を持たなかったということですか？

18歳までの日別自殺者数

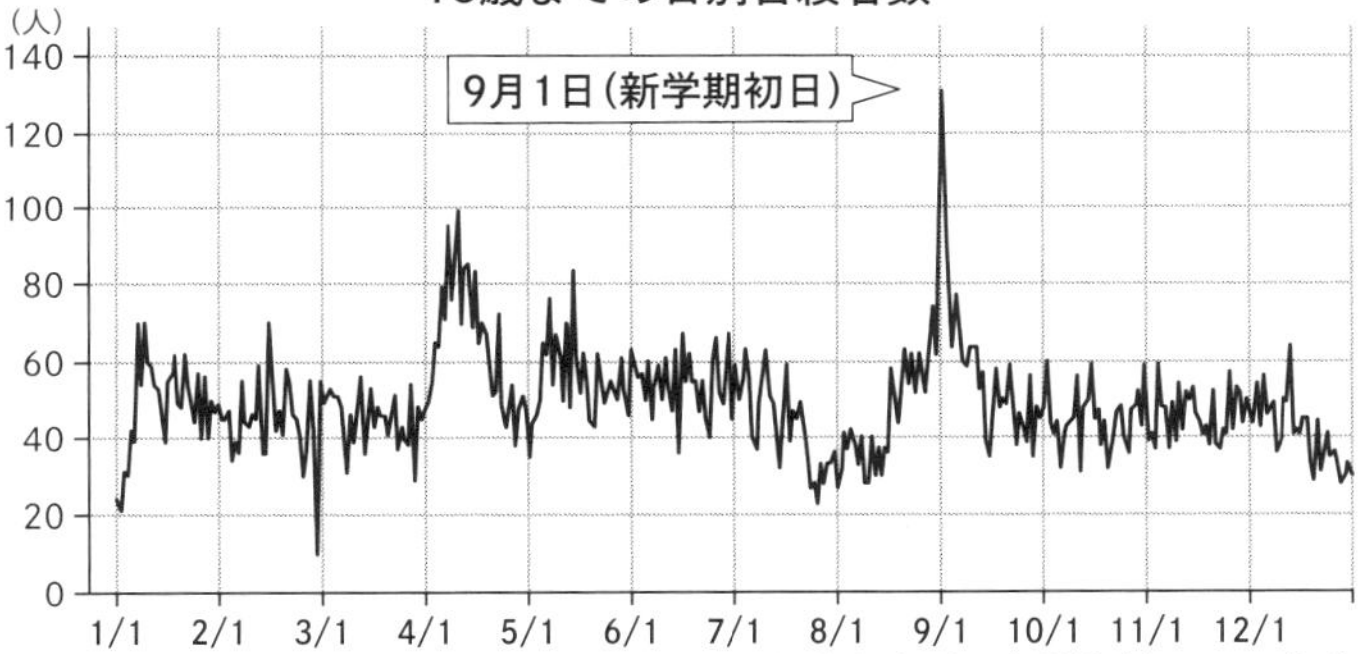

「平成27年版自殺対策白書」（厚生労働省）を元に作成

石井　そうなんです。それで、私も「えっ!?」と思って、周りのみんなとも、「このデータとんでもなくない!?」という話をして、自分たちで記事を書くことにしました。たぶん、それが日本ではじめて出た9月1日のデータに関する記事です。「どうしてこういうデータになるのか？」というところまで書けばネットで反応がくるかと思っていたのですが、それでも反応がなくて……。

それで、文科省で記者会見をすることにしました。もともとは、内閣府から厚生労働省の記者クラブにこのデータが持っていかれたと思うのですが、誰も気づかなくてフィーチャーされていなかったんだと思うんですよ。だから私たちは、このデータは〝学校〟の、しかも〝2学期初日〟の問題なんだということで、文科省の記者クラブに持っていったんです。この日に子どもの自殺が多いというのは20年前から実感していたことですし、本当に大事なデータなので「緊急号外」を出します、と。それからようやく広まっていきましたね。

内田 それがなかったら、誰も知らないままで終わっていたかもしれないのですね。そうやって記者会見をしたり、新聞で継続的に取り上げたりしていくうちに、周りの関心が高まっていったのですか？

石井 はい。でも今回、いちばん驚いたのはむしろ私自身なんですよ。樹木さんがそこまで9月1日に対して想いを持たれていただなんて……。

学校か、死か

石井 最初にいただいた質問に戻りますが、〝学校に行かなければ一人前ではない〟という感覚がこの社会に定着しているのかどうか、ということについては、やっぱりあると思います。今も20年前も、不登校をしたらみんな一回は死を考えます。誰もが一回はそんな〝死線〟をくぐってきているはずです。〝世の中から許された存在じゃない〟と思ってしまうんです。内田さんの場合は頑張って学校に行けたわけですけど、なんとか頑張って行こうとしても、ある日どうしても動けなくなってしまう子も多いです。

内田　そうですよね、絶対にそれはあると思う。

石井　「苦しさに負けた」「こんなんじゃ人生やっていけない」――そう思うとやっぱり、生きている価値を自分で認めることができなくなります。私も二十何年、不登校の現場に身を置いてきましたが、やっぱり死ぬんです。実際に人が。自分自身「もうダメだ」と思ったときもあります。

だからあのデータを見たときも、「そりゃそうだよな」と思ったんです。この日は、夏休み明けの初日で、学校に行けなかった自分をもう一度思い出してしまう日だから。学校が苦しい、行かなきゃいけない、死ぬよりも学校に行くほうが苦しい……。そして〝死んだほうが楽だ〟と思うんです。そこは今も昔も変わってないと感じます。

内田　変わらないのかあ……。でも、不登校新聞社さんが出された『学校に行きたくない君へ』（ポプラ社）[3]という本の中でいろんな方がおっしゃっていましたけど、人

3　不登校の当事者・経験者が「自分が話を聞きたい人」に取材をする、同紙の人気コーナーをまとめた一冊。樹木希林、荒木飛呂彦、西原理恵子、リリー・フランキー、辻村深月など……20名の著名人のインタビューが収められている。

生のオプション（選択肢）を子どもたちがたくさん発見できればできるほど、〝死〟というオプションは小さくなっていくんじゃないかと私は思うんです。

だから、私たち大人が〝Live or Die〟そして〝School or Death〟ではなく、その間にもっといっぱいの選択肢、いわゆる〝学校以外の場所〟がたくさんあることを伝えていかなければいけないですよね。

石井　そう、選択肢はあるんですよね。

実際に石井さんも思われたわけでしょ？　外にそういう場所があるって。

「あなたはそこにいていい」

内田　そのメッセージを、どうやったら行き詰まっている子どもたちに届けられると思いますか？　心って、閉じこもってるときに「窓を開けてごらん、こんなに違う世界があるよ」と言っても、カーテンを開けるだけの元気もない、ということがあると思うんです。そういう人がいたときに、どうしたら助け舟を出せるのか、ちょっとでも背中を押せるのか。石井さんの今のお考えを教えてください。

石井　うーん……やっぱり本人が傷ついているという、その気持ちを肯定しないと苦しいですよね。
直接聞いた話ではありませんが、作家の吉本ばななさんも、実はこもっている時期があったらしく、お父さんがその苦しんでる気持ちを受け止めてくれたそうなんです。でも、唯一嫌だったのが、まさに部屋に入ってカーテンを開けてくることだった、とおっしゃっていました。まあ、年頃の女の子の部屋に父親が入ってくるのは普通にダメだと思うんですけど、それは吉本隆明でもダメだったんですよね（笑）。

内田　あははは（笑）。

石井　ただ、それ以外はすごくよかったそうです。部屋のカーテンを閉じっ放しにしていると、周りは不健康だと思っちゃうんですけど、本人には自分の心の状況と同じにしたいという思いがあるんですよね。それを保証してあげることが大事。「あなたはそこにいていいよ」って言われると、逆に外にも出ていきやすくなる。

内田　「一歩外に出られるかも」という安心感が生まれるんですね。そのときってい

うのは、待っていればいつか必ず訪れるのでしょうか？

石井　〝底つき・底割れ〟という言葉があります。閉じこもって、自分の中でつらい時期をぐっと過ごしていると、ある日〝底〟について、上がっていくんですよ。

内田　ああ！　いわゆる〝ひきこもり〟と言われる人たちは、一生ひきこもれるわけではないんですね。ひきこもるのにも勇気がいるというか。

じゃあ、それさえわかっていれば、もし自分の子どもがそうなったときに、1か月、1年あるいは2年かかるかもしれないけれど、一生ではないと思えれば、ちょっと気が楽ですね。親も本人も。明けない朝はない、みたいな。

石井　「明日出なきゃ」「今すぐ出なきゃ」と思えば思うほど、遠のいてしまうんですよね。「今、この自分でいるしかない」と思えると早くて、それがまさに「一生閉じこもっているわけじゃない」ということです。ちなみに当事者間だと、きちんとひきこもっていた期間が長いほど、たとえば半年間ずっと部屋から出られなかったとか言うと、「いやあ、根性あるねぇ〜！」という反応が返ってきます（笑）。

内田　ええ〜、それはおもしろい！

石井　当事者や経験者は、それがどれだけ厳しいことか、よくわかっていますから。

内田　当事者の間では、むしろ「よくやった！」くらいの感じになるんですね。

石井　そうそう。私なんて2週間で限界でしたよ、みたいな（笑）。

まずは親が〝大丈夫〟であること

石井　ひきこもるのって、本当につらいんですよ。〝このままじゃダメだ〟〝お前はこれからどうすんだ〟とか、毎日毎日、幻聴のようなものも聞こえてくるし。

内田　もはやガマン大会ですね。

石井　だからこそ、外に出て、たとえば人と話したときに、「ああ、楽だあ……」って思うんです。もう自分の中にだけ閉じこもっていなくて大丈夫、人と関わるってこんなに楽なんだ、ということがすごく感じられます。

内田　石井さんは、ご自身でそのような〝底〟をついて出てこられたんですか？　それとも周りから何かヘルプがあったのですか？

石井　私の場合は周囲からのヘルプがありました。フリースクールにはけっこう早い時期から行っていて、それでもひきこもるということがあって、そんなときに、それこそ「いつ出るんだ」ということで、母がシューレのスタッフやみんなのもとに相談に来たんです。そうしたら、話を聞いて、情報をシェアして、学び合って、「大丈夫、大丈夫」と言い合っているうちに、まず親が〝大丈夫〟と思えるようになった。そして親が〝大丈夫〟だと思えているとき、子どもの私自身はそこまで追いつめられることはないんですよ。

内田　そっかあ、私も子育てで行き詰まったとき、よく母から、とにかく家庭は――母親がいない家庭もあるからもちろん一概には言えませんが――母親がいかに太陽のように笑顔でいるかがすべてに影響すると言われました。家庭でそのバランスが崩れると社会も崩れるんだと、〝女が土台〟なんだと、いつも言っていましたね。かなり古風な考え方ですけど。

　だから、石井さんがそういうふうになっているとき、お母様もつらかったと思うけれども、いろんな人からの助けがありつつかもしれないけれども、そのときを待っていられたというのは本当に素晴らしいですね。

石井　今考えると本当にすごかったと思います。

樹木希林がつらいときほど笑う理由

石井　実は〝太陽のように〟というお話は、私もインタビューのときに言われました。でも原稿では、実はその言葉を一度、カットしたんですよ。

内田　ええ、ええ。

石井　それは、私が母親ではないから余計に感じたのかもしれないですが、やっぱり母親ってつらい仕事じゃないですか。それを〝太陽のように〟というのは、重圧になりすぎてしまう……と思ったのが正直な気持ちでした。

内田　そうですよね。ただ、いちばん難しいことだからこそ、人って表現するんだと思うんです。だって、今振り返ってみて、母が太陽のようだったかというと……そうではない（笑）。でも母のすごいところは、悲劇をすぐ喜劇に変えてしまえたこと。そのスイッチの切り替えの速さというか、テクニックを持っていました。

石井　なるほど。

内田　訓練でしかないと言っていました。冗談みたいな話だけど、暗い気分のときは、なんにも心がともなっていなくても、口角を上げて自分で笑顔をキープしなさいって。

「バカみたい！」と最初は思ったんだけど、いざ本当に無気力になって、もうこれは笑えないなと思ったときにそれをやってみたら、心なしか気持ちが軽くなっていって、バカバカしいことをしている自分に対してクスッと笑えたんです。

役者さんって、役がきたときに扮装から入るじゃないですか。母の場合も扮装がほとんど。入れ物がちゃんとしていたら心はついてくる、というタイプの役者でした。もちろん反対の人もいるけど、母の場合は笑っていればなんとかなると思っていた。

日々接していて思うけど、やっぱり子どもって、私が少しでもイラッとしたら、どんなに離れていても察知しているんですよね。ビクビクしているし、嫌そうな顔をしている。そう思うと、本当に母親は家庭内の〝発信源〟なんだと思います。

親にも勉強と楽しみが必要

石井　その気持ちは、不登校の親たちもよく口にしています。

内田　きっとそうですよね。子どもがつらいとき、それを止めることはできなくても、せめて追い打ちをかけないようにするには、親としてどうしたらいいんだろう。でも、それはもしかしたら、お母さんが違うほうを向いて、自分のことを楽しそうにやっているというのが、困っている子どもをむしろ助けるんじゃないかとさえ思えてしまいます。

石井　親自身が楽しむというのは大正解だと思います。私もそうでしたけど、不登校をしていると、親の目つきとか息遣いとかイライラはすごく伝わってくるので。

あともうひとつ、親も不登校を勉強するのがいいんだと思うんです。いちばんの不安って、「学校に行かなかったら、この子はどうなるんだろうか」なんですよ。でも、このことについては、不登校経験者たちがいろんなところでしゃべっていますし、実際に会ってもらえば感覚が違ってくるはずです。「あ、普通に大人になれるんだ」って。「不登校」と言っても本当にいろんな職業に就いている大人がいますから、まずは自分の心配を、自分の心配事として勉強することだと思います。

「あなたどうするのよ！」というように、不安を子どもにぶつけて、自分が心配なまま子どもに向き合っているとうまくいきません。大事なのは勉強することと楽しめることですね。東京シューレも、もともとは親たちが集まって生まれました。親たちが元気になったら子どもが元気になる、だからその居場所が必要になるというルーティンが、日本では歴史的に起きたということだと思うんです。

内田　すごくオーガニックな成り立ちですね。みんなの思いがこういうふうにできあがっていって、器ができて、それでこんなに長いあいだ続けられているっていうのは、すごいなあ。

子どもたちに選択肢はあるのか

内田　石井さんは、自殺してしまった子どものことも知っているわけですよね。本当にそれは切実な現実じゃないですか。それをふまえた上で、現時点でもっと、私たちは何をしていったらいいと思いますか？　ひとりでもふたりでもそういう子どもを減らしていくために、今、何が足りていないですか？

石井　…………真の意味で選択肢となるものがまったくない、と思っています。たとえばこのフリースクールって、文科省の調査によると、不登校の２～３％くらいしか来ていないんです。

内田　えっ！　じゃあ残りの人たちは……。

石井　行っていない。「フリースクール」という言葉自体は数年前から急速に知られるようになっていますが、それでもたった２～３％なんです。私が２年くらい前に出会ったある女の子は20歳でした。彼女は６年間ほぼ誰とも会わずに14歳から不登校をしていました。6年間、誰とも会わずに暮らしていたんです。「つらかったでしょう。フリースクールは考えなかったの？」とたずねたら、「フリースクールへ行ったら〝不登校〟になってしまう」と彼女は答えました。

内田　認めることができなかったのね……。

石井　「不登校になったらダメ人間になる」「それだけは認められない」――そう思って6年間、彼女は誰とも会わなかったんですけど、すごくキツかったと思うんです。あと、これは『不登校新聞』の最新号（当時）ですけど、16歳の子に出てもらっています。この子は2年ほど前にパニック障害になって、学校に通える状況ではなくなりました。そんな中で、カウンセラーから「学校を休んでみてもいいんじゃない？」と言われてはじめて、その選択肢があったことに気づいたと言うんです。

不登校のことが認知されてきて、「そういうのってあるよね」と言われてきてはいるのですが、実際に子どもから見たときに、選択肢はないんだと思います。やっぱり、今の学校に行かなくてもいい、違うところに行っても大人になれるということを、魅力的な選択肢として提示する必要性を感じています。

必要なのは魅力的な非常口

内田　今はそれがないのですね。たしかに学校で、「この学校以外にも選択肢がありますよ」とは言わないですし、子どもたちはそういう教育を受けていないわけだから、「どうやってわかるの?」という話ですよね。本当にその通りだな……。

石井　2017年のインタビューで、ロバートキャンベルさんは〝魅力的なハッチ(非常口)〟が必要だと言っていました。

内田　なるほど。そもそも魅力的な選択肢ならば、「ここですよ」と言わなくても、勝手に吸い寄せられますものね。

石井　それに、不登校に限らず、教室の中にも魅力的な非常口はあったほうがいい。修学旅行の班決めとかも、自分だけひとりになっちゃうんじゃないかと思ったりしますよね。あれも、外れてもいい、イレギュラーが起きてもいいんだ、ということを大人の側が設定して、選択肢として提示していかなければいけない。そんなことをおっしゃったんです。

やっぱり選択肢を出すということが、本当の意味で大事になってくると思います。内田さんがキツかったときの、「そんなにつらいんだったらやめちゃえば」という樹木さんの言葉は、ギリギリの表現ではありますが、やっぱり大きかった気がしますね。

内田 大人の側も〝絶対〟を疑うというか、人の心も常に揺らいでいるということを、もう一度考えないといけないですね。潜在的にはみんなわかってはいると思うし、もちろんそれがあるからこそ社会が成立しているのかもしれないけど、それでも一方に魅力的な非常口がないと、どこかでひずみが出てしまうと思うから。

せっかく有った〝難〟を無駄にしたくない

石井 実は、不登校経験者が今度は親になるというケースもあります。

内田 そのときはどうなるんですか？ やっぱり子どもに対して寛容になるの？

石井 それが……全然変わらない人のほうが多いと感じています。

内田 ええ〜！ 自分がつらかったからこそ、寛容になるのではないんだ……。

石井 もちろん寛容になる人もいます。そういう人もいるけど、必ずしもではない。子どもに小学校受験をさせて、そのストレスで登園拒否になる子とかもいます。

取材をしていると、同じ口からそうした言葉が出てくるんですよ。まず「不登校になって苦しかった、親の期待に沿わなきゃいけなかった」という自分自身の話があり、

「つらかったけど、だんだん解消されていって自分なりの生き方を見つけた」と。一方で、「親になってからはどうですか？」と聞くと、「すごく良い小学校があって、子どもを通わせようとしているんだけど〝行かない〟と言うからなんとかしてほしい」って……。

内田　でもそれは、なんだかわかる気がするな……。やっぱり自分が、子どもだった昔の自分を認めてあげられてないまま大人になってしまっているとするなら、自分が苦しんだことを修正したいと思うのかもしれません。人としてそういうふうに陥ってしまう傾向はわかります。でも、それじゃあ何も……キリがないというか、もったいないですよね。

　石井さんがあるインタビューの中で、不登校やひきこもりだった人の苦しみや葛藤した経験は〝社会の財産〟だと言われていましたけど、私はそれを聞いて感動したんです。[4]やっぱり、せっかく有った〝難〟が〝有り難く〟ならなかったら、無駄にしてしまったという敗北感のほうが強くて、長い目で見て絶望的じゃないですか。

石井　本当にそうですね。〝不登校〟はよく、学校に行けない子の問題として見られています。近年は文科省も「不登校は問題行動ではない」と変わり始めているけれど、大勢としては〝学校に行けない子どもをどうにかしなければ〟という問題になっている。[5]

でもそうではなくて、学校に行けない人が何に苦しんでいて、どうして命をかけてまでそこに行かないのかという現実をひっくり返してみたときに、そこには学校を良くするチャンスやヒントがいっぱいあるはずなんです。

内田　そのチャンスを逃してますよね。

石井　はい。これはぜひ、みんなに考えてほしいなと思っていることです。

立ち止まる時間がない社会

石井　先ほど私は〝底つき・底割れ〟という言葉を使いましたが、これは自分の置かれた状況や問題を俯瞰すること、つまり〝相対化〟と言ってもいいと思っています。当事者にはその瞬間があるのですが、これには時間がかかるんですよ。でも、そもそ

4　2018年8月31日公開の記事「『不登校新聞』編集長に聞く。挫折から始まる『私』の人生について」（小さな声を届けるウェブマガジン「BAMP」）より。

5　石井さんが2018年7月31日に公開した「『学校へ戻すことがゴールじゃない』文科省が不登校対応の歴史的な見直しへ」（Yahoo! ニュース個人）では、国の方針転換の経緯が詳しく説明されている。

も学校は〝待てない設計〟になっていて、「ちょっと1年考えたい」とかができない。

内田　ノルマがあるものね。

石井　それってあまりにもハードだと思うんです。もう少し立ち止まれるような設計、それこそ困難が起きたときに〝有り難く生きられるような設計〟というのは、考えられていいんじゃないかなと思います。

内田　日本の大学のシステムはよくわかりませんが、私にはこんな友達がいます。日本人とイギリス人のダブルの家庭の親御さんなのですが、お子さんがハーバード大学に通っているんです。それで、その子は入学が決まってすぐに〝ギャップイヤー〟を取ったんですって。[6]

石井　あっ、その制度は聞いたことがあります！

内田　親御さんもそれを勧めていたんだけど、理由を聞いたらこう言うんです。「このまま大学に入って卒業したら、すぐ社会に出て働かなきゃいけないじゃない。重要なのは、何かに伸び悩む、立ち止まる、疑問を抱く、遊んでみる、転んでみる、模索する。そういうことをやる時間が大切だから」って。

　その友達の子は、ギャップイヤーを取って陶芸をやったの。男の子なんだけど、九州の有名な窯元にお手紙を書いて、「なんでもやりますから修業させてください」と、師匠の家の掃除とかをやっているんですよ。1年後に新入生としてハーバードに入るんだけど、そのときにはもうみんな学年が1個上なわけ。でもそんなことは関係なくて、彼は2年経った3年目の年に、もう1年ギャップイヤーを取ったんです。今度は別の窯元で（笑）。

大学によってルールがあるんでしょうけど、要するに、彼がみんなより2年遅く社会に出ることを、親も本人も「素晴らしい経験だった」と言っていたのが、すごく豊かだなあ、と思ったんです。

石井　本当に、本当にいいなあ。

内田　ハーバードとは次元が違う話だけど、私も19歳で結婚するとき、フランスにある大学に行っていたのに一学期で休学しちゃったんです。そのときも母が、「先に結婚して子育てすれば？」と言ってくれたんですよね。私は絶対に反対されると思って

6　ギャップイヤーは、長期学外学修プログラムと呼ばれる英国発祥の制度。一定の休学期間を得てから入学する制度で、休学中にボランティア活動や留学、旅行で見聞を広めることが多い。日本では、東京大学、国際教養大学（秋田県）の2校だけで行われていたが、２０１５年から神戸大学（兵庫県）など大学10校と、長崎短期大学、宇部工業高等専門学校の計12校で導入された（「今秋から10大学でギャップイヤー制度導入」『大学ジャーナルオンライン』２０１５年8月12日の記事を参照）。

いたのに、「全然いいんじゃない?」って。それから、「勉強は年を取ってからじゃできないって、誰が決めたの」って。もうなんか「えっ⁉　そうなの!」と思っちゃった(笑)。

勉強というものが、インスティテューション(公共施設)に行かなきゃできないものではないということを母は提示してくれた。それに、学校に行かなくたってものすごく学びを深められる人だっているわけだから、それだってオプションのひとつなんですよね。

石井　学校だけじゃないんだって思っていれば、心持ちが全然違ってきますよね。

母の目の前にあった〝死〟

石井　最後にひとつ、どうしても聞いておきたいことがありまして。先ほども言った通り、樹木さんが〝9月1日〟を気にかけていたというのは本当に驚きだったんです。というのも、当事者と会ったのも一回きり、白書のデータを見たのも一回きりで、ご本人の当時の様子からしても、そこまで心を砕いていたようには見えなかったんです。だから普通に考えれば、実は家族の誰かがそのことで苦しんでいたんだとか、樹木さんなりに連想させる何かがあったのかなと思ったのですが……。

内田　まったくないですね。

石井　まったく、ですか。

内田　本人の中では、ですよ？　だってそういう身内はいなかったから。もちろん本人はずっと自閉症気味だったみたいだけど、別にそれを苦に思わないタイプだった。もしかしたら最初は世の中からズレていると、卑屈になった瞬間があったのかもしれないけど、それが自分の〝個性〟なんだと小学校から気づいていたみたいですし、なにより母は世間の物差しが当てはまらない図太い神経を持っていたから（笑）。

でも、この問題に対してあそこまで打ちひしがれていたというのはやっぱり、自分が今まさに〝死〟に向かっていたからなのかな……と思います。その事実はお医者様からも突きつけられていたし、1か月の入院期間中に何度も危篤《きとく》状態になっていましたから。〝いつか死ぬ〟じゃなくて〝いつでも死ねる〟となったとき、まだ18歳にも満たないような子どもたちが命を絶っていることに――そしてこれはたぶん、自分で孫や子どもを持って、命の尊さみたいなものが身をもってわかったからこそ――こんなに理不尽な、もったいないことはない、と思ったのではないでしょうか。だから、がんもなく健康な状況だったらここまで響かなかったかもしれないですね。

石井　そういうことだったんですね。最後の1か月で何度も……。

内田　3回は危篤状態になりましたね。そんなヨレヨレのときに、「死なないでね、死なないでね」なんて言い出すから、頭がおかしくなっちゃったのかと思ったんだけど、とんでもなかった。「今日、死ぬ子がたくさんいるのよ」って説明してくれたんです。それぞれの魂に向かって話しかけているようでした。「年を取れば、必ずがんとか脳卒中とか心臓病とかで死ぬんだから。無理して死なないでいい」と生前に言っていたようですが、まさにそれがひしひしと感じられたんでしょうね。

最期の瞬間

内田　実は、母は亡くなる3日くらい前に、急に「家に帰る」と言い出したんです。私は「いやいや、いろいろつながれてるのに帰れないよ」と思って、主治医の先生に相談したら、「本当に帰りたいなら、今を逃したらもう帰れないです」と言われました。正直、「なんでこのタイミングで」と思ったけど、病院も動いてくださって、2日後には家に帰れました。そして母は、戻ったその12時間後に息を引き取ったんです。

石井　ええ……!!

内田　家で、日常の中で死にたい、とずーっと言っていたその願いが本当に叶えられたんですよね。本人も〝上出来な人生だった〟と言って死にたいって、よく言っていましたから、本当に見事な最期でした。

石井　内田さん、それってすごい親孝行じゃないですか……。

内田　いやいやいや‼　本人がそれを察知していたのがすごいと思っていて。母はものすごい感性の鋭い人だったから、自分の最期を感じ取っていたんでしょうね。動物的な本能が働いたとしか思えないくらいに。私たち家族は、ただただ次から次へと起こるいろいろなことに対応していただけ。まさかそんな、その日の夜に死ぬとは思っていませんでした。

そうそう、『学校に行きたくない君へ』の中で内田樹《たつる》さんが、人間が受け取る情報の7割は〝皮膚感覚〟からとおっしゃっていたじゃないですか。

石井　はい、はい。

内田　本当にそうだと思うんです。母は、理屈じゃなく「あ、今だ」と感じることとか、そういうことへの感度がすごく高かったのかな。もしかしたら私を育てているときも、本当はいろんな壁にぶつかったんだけど、そのたびに「これは大丈夫」「ここまでは大丈夫」というのを感じ取っていたんじゃないかとさえ思います。だからこそ、

「なんの根拠でそれ言うの?」って思うことがたくさんあったんだけれども……。

石井　ご本人も、説明しろと言われても難しいんだとか。

内田　そういうことだと思います。でもなかなか、普段生きていると、いろんな情報に押しつぶされちゃって、感覚だけでは選びきれないじゃないですか。生きるって、常に選択をしていかなきゃいけないわけだから。だから、母はそれをすごく上手に、75年の生涯だったけれども、やってきたんだろうなあと思います。

大事なのはあなたの〝問い〟

内田　私も最後にひとつだけ聞いていいですか?

石井さんは『不登校新聞』の方針として、「『世の中のため』『人のため』は考えず、『私』が話を聞きたくて『私』が救われるために取材へ行く」「『私の思い』を煮詰めることで、プロにもマネができないインタビューになる」と書かれていますよね。

どうしてそんなに達観しているのかなって。この真髄は徐々にわかってきたものなのか、小さいときからそういう真理みたいなものが見えていたから早くに閉じこもってしまったのか。自分のことを分析してみてどうですか?

石井　私が不登校になったのが中学2年生、13歳くらいのときなんです。

内田　世の中に、自分の状況に疑問を持つという意味では、ものすごく早熟ですね。

石井　いえいえ、それはありがたいんですけど、その前に中学受験をして、第6次志望まで受けて全部落ちているんですよね。そのときの大きな挫折がありました。それに中学校の頃は、誰かの答え、特に大人の答えに自分を合わせていくことが勝負なんだとどこかで思っていたんです。

でも学校に行けなくなって、16歳で『不登校新聞』のボランティア記者になって取材に行ったら、〝私の問い〟や〝私の悩み〟というものがものすごく重宝されたんですよ。それこそ吉本隆明さんも五味太郎さんも、みんなが楽しみながら真摯に答えてくれた。しかも、ひとりとして同じ答えがない。だからそのときに、答えを合わせようとしていた自分の人生は間違いだったんだ、と思ったんです。

内田　石井さんは、本当に素晴らしいトンネルの抜け方ができたんですね。

石井　はい、徐々にでしたけど。だから私はほかの人にも〝あなたが大事〟だと言うんです。〝あなた〟が大事なんだから〝あなた〟が聞けばいいということなんですよ。

内田　先日、ある映画監督の人が、「ものすごく大きい社会のことを語りたいときには、ものすごく小さいことを表現するんだ」と言ってたんです。「ごくごくわずかな人にしか伝わらないかもしれないと思うくらい、個人的で小さな物語をストーリーテリングすることで、社会を映すことができる。それが秀逸な作品となる」って。

すごく、今の話に似てると思いました。世の中に伝えたいものがあるからそこに行くんじゃなくて、個人的な悩みとか、自分の問いを投げかけることによって、インタビューされる側がより大きな世界を引き出してくれる。そういうことですよね。

石井　そういうことだと思います。

内田　インタビューって、結局は人と人との波動だから、ジェネラル（一般的）なことを聞かれても、やっぱりおもしろいものは出てこないですよね。

石井　そうなんですよ。今になって書いておけばよかったと思うのは、樹木さんに取材を依頼したときのことです。実はＦＡＸで〝私が食事代を持つので、みなさん食事をしましょう〟と言われていたのですが、さすがに「おごって」とは言えないと思って……。

内田　こっちから依頼しているからね（笑）。

石井　そうそう。だから当日は全員、自分の食事代を2万円ずつ持っていこう、ということになったんですけど。

内田　ひとり2万円⁉　それは払いすぎよ〜（爆笑）。

石井　値段が書いてなかったし、向かいのお寿司屋さんが1万円のコースを出してたから……。とにかく持っていこうということになったのですが、17歳の女の子が「全財産です」と7000円を持ってきたんです。

内田　そんなのダメ、ダメ！

石井　もちろん、「あなたはいいんだよ」と言ったんだけど、やっぱり17歳でも大人でいたいのか、彼女は払う気満々で。それで食事が始まったんですが、途中で樹木さんが「払う」と言ったときに、その子が思わず「よかった、味がしなかったぁ……」って（笑）。

内田　あはははは（笑）。

石井　それを見た樹木さんがすっごい謝ったんですよね。「ごめん、言えばよかったね……って、あれ？　私、言ったわよね⁉」とおっしゃっていて、あれはおかしかったなあ。

内田　おかしいなあ（笑）。でもね、母はすっごいお金にシビアだったんです。それはケチということではなくて、ほとんど常におごってるんですよ。でも、「この人のほうが稼いでる」と思ったら、「あなたのほうが今は稼いでるから払いなさい」って自分で決めちゃう。だから、「今この人からお金を取ることは間違っている」あるいは「正しい」ということを常に考えていましたね。ギャラの交渉も大好きでしたから。「まずそちらの額を提示して」と言って、1対1でプロデューサーに書かせるんです。

石井　あれって本当にやるんですね。テレビで見ましたけど。

内田　本当にやるのよ。その会社の状況や社会的なこととかを鑑みて、出し渋っていると思った瞬間に、「それじゃあ、かったるいから私は出られない」と言うんですよ。でも、見ず知らずの人から依頼された仕事で、タダでやっていたものもすごく多かった。それこそ他ならない皮膚感覚で、「この人は本当にお金がない。でも、今私が関わることで、もしかしたらこの人の先のキャリアにとって大事な出会いになるかもな」と思ったらタダでやるんです。

石井　実は私も、樹木さんの取材をまとめているとき、自分でも信じられないほどおもしろく書けたんです。取材中も「あなたおもしろそうね、楽しそうね」と言われて、それが自信になったんです。

内田　それはよかった。その出会いのおかげで、私もこうして、石井さんからおもしろいお話を聞けているわけですから。実はね、母が亡くなったことで毎日のようにいろんな人から、本を出しませんか、何かしませんか、という話がくるんですよ。

石井　はい、はい。

内田　正直、母をダシに使って儲けようという人はいっぱいいます。でも、母がどう思うかと思ったときに、この〝9月1日〟のことに関しては、「おおいに使ってほしい」「自分が生きてきたことがもしも何かのダシになるんだったら、そんなめっけもんはないじゃない」って、絶対に言うと思ったんですよ。生前、母はさまざまな出版依頼をすべて断っていたので、書籍化には悩みました。でも、私の判断基準はそこで決まりました。

石井　本当にありがとうございます。『不登校新聞』は、もともと〝9月1日〟などを機に生まれた新聞なんです。1997年の夏休み明けに、当時私と同じくらいだった子が焼身自殺や鉄道自殺をしました。そして別のところで中学3年生の子が、「学校が燃えれば行かなくて済むと思った」といって放火事件を起こしたんです。

内田　そんなことが……。

石井　これだけのインパクトがあったのが〝1997年〟だったんですけど、同じようなことは毎年のように今も続いています。最初は見向きもされなかった〝9月1日〟のことも、十何年ほどしたら内閣府のデータが出て、伝えることができて、だから今年もちゃんと伝えたいと思っています。だから今回、内田さんの本に協力させていただけて本当に嬉しいです。

内田 それはこちらのセリフです。ぜひ母の願いを良いおダシに使ってください（笑）。

石井 はい（笑）。これからも伝えていきます。本日はありがとうございました。

内田 こちらこそ、ありがとうございました。

石井志昂　いしい・しこう

1982年東京都生まれ。中学校受験を機に学校生活が徐々にあわなくなり、教員、校則、いじめなどにより、中学２年生から不登校。同年、フリースクール「東京シューレ」へ入会。19歳からは創刊号から関わってきた『不登校新聞』のスタッフ。2006年から『不登校新聞』編集長。これまで、不登校の子どもや若者、親など300名以上に取材を行ってきた。また、女優・樹木希林や社会学者・小熊英二など幅広いジャンルの識者に不登校をテーマに取材を重ねてきた。

対話2

Eさん（20歳女性・不登校経験者）

「あなたのその苦しみは、正当なんだよ」

２０１９年2月20日の昼下がり、東京シューレ王子の一室に、親子ほど年の離れた女性がふたり、向き合って座っています――。

『不登校新聞』の石井さんとの対話を終えたときに、「この問題をもっと立体的に捉えたいのです。ぜひ当事者の若者と話すことはできませんか？」と投げかけた内田さん。「少し考えてみます」という石井さんから、後日、送られてきたのがふたつの動画でした。

16年に公開された動画には、「【不登校】学校に行くことは義務じゃない」というタイトルが、17年に公開されたもうひとつの動画には「動画に込める思い」というタイトルが冠されています。「学校に行きたくない。そんなふうに思うあなたはおかしくないんだよ」というメッセージから始まるこの動画を、不登校の仲間たちとつくったのが、当時17歳、東京シューレに通うＥさんでした（シューレは18年に卒業）。

Ｅさんは「動画に込める思い」の中でこのようなことを語っています。

中学生の途中までは普通に学校に行ってて、順調に進んでいた道が、あるとき突然全く知らない、先の見えない方向に行ってしまった。（…）

気付いたら「不登校」と書いたレッテルが貼られていた。それがすごく恥ずかしくて、そのレッテルを隠すことで必死でした。（…）私の家には2階に外に出られる屋上のようなスペースがあるんですけど、そこに立って、空を見上げながら、そのまま飛んでしまおうかと思ったこともありました。結局そうすることはなかったんです、私は。

でもそうしてしまおうかと考える子どもが今まさにこの瞬間にもいて、残念ながら、それを実行してしまう子どももいるんです。

そしてそれを傍観しているのが、今私たちが生きている社会です。

実際に〝9月1日〟を、〝不登校〟を生き延びたひとりの女の子。「ぜひ話してみたいです」と即答した内田さん。1週間と待たずに収録日が決まりました。

万が一のときのため石井さん同席のもとで始まったふたりの対話は、ときに言葉を詰まらせながらも、穏やかに、なごやかに進んでいきました。

自分のことが嫌で嫌でたまらなかった

内田　はじめまして。Eさんは今おいくつなんですか？
Eさん　20歳です。
内田　20歳か～！　ちょうど上の息子が21歳だ。ちなみに私は3人の子持ちなので〝文筆系主婦〟です。今、自分で勝手につくった肩書きだけど（笑）。
Eさん　あははは（笑）。
内田　今日はEさんのお話を聞かせてください。東京シューレにご縁があったのはいくつのときですか？
Eさん　15歳、中学3年生のときです。中学3年生になる前のタイミングで親の転勤があって、関西圏から東京に引っ越しました。でも、引っ越して次の日か、その次の日くらいにはもう新しい学校に通わなくちゃいけなくて。はじめて行った日に、自分が〝よそ者〟であるようにすごく感じられたんです。
内田　……わかる！
Eさん　やっぱり、そこにいる子たちは3年間過ごしてきたという結びつきがあるから、その中に入っていくのが大変で。

内田　私も小学6年生のときにインターナショナルスクールから公立の学校に転入しました。まったくコミュニティに入れなかったです。

Eさん　まず教室にいるのがつらくなって、だんだん学校に通いたくなくなって、休みがちになって。自分から親に「辞める」と言いました。「もう行かない」って。そのときに親は許してくれたんですけど、行かなくなったから楽になれたわけではなくて、半年くらいは何もできない時間がありました。家にいて、ただ空を見ているくらいしかできない日々が続いて、頭の中では「なんとかしなきゃ」「このままでいたいと思っているわけじゃない」と思ってはいるんですけど、何もできない。余計にそんな自分が嫌で嫌でたまらなくなっていって……。

内田　自己嫌悪に陥ってしまったのね。

Eさん　そうなんですよ。

はじめてこれまでの〝当たり前〟を疑った

Eさん　でもそのあと、期間をおいて休んだからか少し回復してきて、学校じゃない新しい場所を探してみたいな、と思ったんです。

内田　その発想はすごいですね。自分から選択肢を広げていくというのは、すごい自立心だと思います。Ｅさんは想像力が豊かなのかなあ。

Eさん　どうなんでしょう……。今までは学校に行くことが〝当たり前〟というか、自分が学校に行かなくなるなんて、考えもしませんでした。どちらかというと学校も勉強も好きでしたから。

内田　そうなんですね。

Eさん　委員会の仕事をやったり人前に立ったりするのもけっこう好きだったので、学校に行くこと自体をやめるという発想はなかったです。でも、学校に行けなくなったときに、自分が〝当たり前〟だと思っていたことをはじめて疑うことになったんです。「本当にそうなのか？」って。

　小学生や中学生にとってそれは大変なことで……。いざ時間割のない毎日になったときに、ほかに何をして生きていけばいいんだろう、って途方にくれました。選択肢を知る術がなかったし、自分で思いつくこともできなかったので。

内田　東京シューレに行くようになるまで、どれくらいの時間がかかったんですか？

Eさん　４月に新しい学校に入って、５月の末にはもう辞めていたから……その年の10月か11月くらいまではどこにも行かない期間がありました。

内田　じゃあ、半年間はずっとおうちで過ごしていたんだ。それは大変でしたね……。

Eさん　はい、自分でも大変だったと思います。

〝恥ずかしい自分〟を自覚した日

内田　半年間の様子はどうだったの？　家庭内で暴れたりしましたか？

Eさん　そういうことはしなかったです。でも、やっぱり外に出るのがつらかった。

内田　学校以外の場所にちょっとお散歩とか、そういうことも難しくなっていたんだ。

Eさん　最近、思い出したことがあるんですが、知り合いの結婚式に出たことがあったんです。そのときにはもう学校に行っていなかったんですけど、土曜日だったから行ってもいいだろうと思って。

でもそこで、年配の方だったんですけど、知り合いの女性にお会いしたときに、「学校は⁉」って聞かれたんです。その方はその日が土曜日だということを忘れていたみたいなんですけど、私はとっさに「今日は土曜日です！」と答えました。「行っていない」とは言わなかったんですよ。その方はそれを聞いてものすごく安心していて、その反応を見たときに、私は、ああ、これはなんと言うか……。

内田　これが社会の現実なんだなって実感したんだ。学生だと、「平日なのに何してるの？」ってなってしまうものね。

Eさん　そうなんです。自分のことをすごく恥ずかしく思いました。別に土曜日だから行くこと自体はよかったんですけど、学校に行っていない自分を自覚したから。そういう自分に対して周りの人たちが、どう反応するのかもはじめて知った。

内田　もちろんその方には悪気がなくて、思わず口走ったことだと思うんだけど、それが社会全体の意識の中に入り込んでいるものだとしたら、それこそ、家の外にただ一歩出るだけでも嫌な気持ちになったというのは、すごく理解できますね。

Eさん　……つらかったですね。

内田　そのつらかったときは、関西時代の友達と連絡を取り合ったりはしていなかったの？

Eさん　引っ越したばかりの頃はメールで連絡を取っていました。でもやっぱり、「学校はどう？」って聞かれるんですよ。「すごく楽しいよ！」って送れたらいいんですけど……迷うんですよね。正直に言うべきか、嘘をついて心配させないようにすべきか、って。そして嘘をつく自分にまた罪悪感を覚えたりする。だから、今はあまり連絡を取ってないんです。

内田　じゃあ当時も、かつての友達が支えになったというよりは、むしろ心配させたくない、あるいは距離をつくりたかったんだね。

Eさん　はい、プライドみたいなものもあったから。

内田　そりゃあ、「最悪だ〜！」なんてなかなか言えないよね。しかも、転校するときってみんな寄せ書きしたりしてさ、華々しく送りだすじゃない？　そのあとすぐに地元に戻ってきた人が肩身の狭い思いをするなんて話はよく聞くから、相当なプレッシャーがあったと思う。

Eさん　そうですね（笑）。

母の協力

内田　それで秋くらいまではおうちにいて、あるとき、ふと別のことに挑戦してみようと思ったんですか？

Eさん　うーん……、どうだろう。学校のことは、行っていない時期もずっと考えていて、でもその生活に戻りたいかと考えたときに、やっぱりそれはなかった。なんか、学校に行かないときって、自分の生き方のことを考えるんですよね。自分はこれからどうしていくのか、って。そうなったときに、自分が毎日楽しいと思えるところにいたいと思ったんです。あとは私の場合、母の協力もありましたね。

内田　どんなお母さんなんですか？

Eさん　母は……、私が学校に行かなくなるとは思ってもみなかったみたいで。

内田　お母さんにとっても衝撃的だったんですね。

Eさん　最初はそうでした。でも、私が家で何もできない時期とかを見ていて、なんとかいい方向に向かってほしいという願いはあったから、彼女なりに学校以外に通える場所を調べて教えてくれたり、いろいろしてくれました。

その中でフリースクールもいくつか紹介してもらって、じゃあ見学してみようって行ったんですけど、なかなか行きたいと思える場所がなかった。母親は「ここ本当によかったね！」って言うんですけど、私は「いや、ちょっとここは……」って感じ。それがけっこう続きました。そして、「じゃあ最後にここだけ見て、ダメだったらしばらく探すのはやめよう」と言ってやってきたのが、東京シューレだったんです。

内田　最後にここだったんだ！　この王子の？

Eさん　そうです。私はここで育ったんです。

同じ空間にいながら、違うことが許される

内田　ここに来たときは、それまでに見てきたところとは何か〝気〟みたいなものが違ったんですか？　それとも具体的に気に入る要素があったんですか？

Eさん　雰囲気がすごくよかったんです。ひとつの大きな部屋にたくさん子どもたちがいるんですけど、みんなが同じことをしているわけじゃなくて。

内田　バラバラなんですよね？

Eさん　そうなんです！　同じ空間にいて、自分のしたいことや違うことをするというのを、みんなが許し合っているという空気を感じました。そんなの、それまでは見たことがなかったから。

内田　ここなら自分もいられる、というイメージがわいたんですね。ほかのフリースクールをご覧になったときは、いわゆる普通の学校みたいな感じだったんですか？

Eさん　そういうところもありました。勉強メインっていう感じ。あと、シューレは自由にさせてくれるんだけれども、ある程度「こういうことができるよ」って提案もしてくれるタイプでした。私の場合、自由だけど何をしたらいいのかわからないという日々が続いていたので、そのほうがよかったんです。

内田　なるほど。構いすぎず、ただ放っておくわけでもなく、その距離感がちょうどよかったんですね。

自分の情報を問われない場所

内田　お友達との関係はどうでした？　年齢である程度のグループ分けがされるとはいえ、さまざまですよね。いろんなところから来た、いろんな年齢の子たちと急に団体生活することになって、１日目とかは大丈夫だったのかな。

Eさん　もちろん緊張しました。ただ、シューレの子たちはいきなりいろいろ聞いてこないんですよね。名前とか、どこから来ているのかとか、プライベートなことを聞いてこない。

内田　ああ！　私、がんがん聞いちゃってごめんなさい（笑）。

Eさん　いえいえ（笑）。大丈夫です！

内田　でも、そのときはそれがよかったんですね。

Eさん　はい。入ってすぐに知らない子と一緒にゲームをしたんですけど、すごく楽しかったんですよ。「この子はすごくいい子だな。でも名前、わからないな」みたいなことがあったりして、そういうのはおもしろかったです（笑）。

内田　つまりそれって、名前とか、どういうところで育ったとか、どんな問題を抱えているのかとか、ある意味〝情報〟がわきに置かれていたのね。Eさんがはじめてここに来たときも、ゲームというプラットフォームで、それこそ大げさかもしれないけど、純粋に〝魂〟同士で交流ができたんだと思います。それが多分、今までの場所とは違ったんでしょうね。

Eさん　ああ、本当にそうだと思います。

内田　そういえば、私たちが生きているこの社会って、すぐに情報を聞きますよね。はじめて会うにしても、会う前にはもういろいろな情報が入っている。今日はあまりなかったですけど（笑）、調べるのが当たり前。それと比べると、Eさんの場合はすごくいい出会い方だと思いました。情報はいったん置いておいて、とりあえずゲームをすることを通して仲良くなれたというのは。

Eさん　はい、ここでは今までどうやって生きてきたかとか、どういう理由で学校に行けなくなったかとかは、ある意味どうでもよくて。何かを一緒にやっているうちに、その人のいいところや考え方が見えてくるんです。

内田　本当に理想的だなあ。

人を大切にできる自分と出会えた

内田　ちなみにそれって、普通の学校ではあまりできなかったことですか？

Eさん　そうですね……。学校に行っていた頃は、自分のことばかり考えていた気がします。自分の成績だったり自分の将来のことだったり、人との交流というよりは自分が将来どうなるかを考えるための場だった。

内田　でも当時15歳ですよね？　ものすごく向上心があったんですね。

Eさん　そんなことないですよ〜！

内田　私なんかなんにも考えないでぼけーっと行っていた気がするけど（笑）、Eさんはお勉強も好きだったみたいだし、言葉が合っているかはわからないけど、生きることに貪欲というか、センシティブにいろいろなものを感じ取っていますよね。せっかく生まれてきたこの人生を、将来を、どうしようかなって考えている。きっと当時は特にいっぱい夢を持っていたのでしょうね。

Eさん　そうですね。

内田　でも、もしかしたら、それを持ちすぎていたのかもしれないですね。今思えば。

どんな感じなんだろう。シューレに来て、学校に行っていた頃よりも心が軽くなったり、思い描く将来のかたちは変わったりしましたか？

Eさん　自分が自分にかけていたプレッシャーは、けっこう大きかったと思います。しかもそれが自分のためじゃなくて、たとえば親のためだったり、周りの評判や評価を気にしていたからこそのプレッシャーだったから、ここに来てかなり解放されましたね。

そういうことよりも人と人とのつながりとか、人のことも大事にできる自分を見つけることができた。ここでは、人を介して自分を大切にするというやり方を見つけられたのかもしれません。

内田　素敵ですね。Eさんは人生でいちばん大切なことを16歳とか17歳にして習得しちゃったから、20歳だけど魂はすごく大人という感じがします。英語には〝Old Soul〟という表現があって、日本語にすると古い魂、老いた魂となるけど、これってすごい褒め言葉なんですよ。輪廻転生があるとしたらですけど、魂が何度も何度も生まれ変わって、たくさんの経験を持っている状態、みたいな意味の言葉なんですけど、Eさんの魂はまさにそんな感じがします。

Eさん　いえいえ、そんなあ……。

親への反抗

内田　さらに踏み込んだ話になりますけれども、私はやっぱり親だから、ご家族のことも聞いてみたいんです。不登校になった当時、ご家族も関西から東京に来て、ライフスタイルが変わって、きっとみんな大変だったと思います。そういう中でEさんは、いわば親の都合で環境が変化したために学校に行けなくなってしまった。お母さんも罪悪感があったんじゃないかと勝手に想像するんですけど、振り返ってみてどうでした？

Eさん　本当に……その通りで、親の都合で来たくもないところに来させられたから、そのときの親に対する反抗はすごくて。今までは、親に対して言いたいことをあまり言わないタイプだったんですけど、当時は特に母に対してすごく当たりました。家の中でしか過ごしていなかったし、話し相手も家族しかいなかったから。

そうなると、どうしても空気が悪くなってしまう。母は私のことを思って、「勉強したら？」「息抜きにどこか行ってみたら？」とか言ってくるんです。別の学校に行くにせよ、勉強は遅れていないほうがいいからって。でも当時は、「私は〝今〟がつらいのに、どうしてそんなことを言ってくるんだろう」と思っていました。

内田　いや〜、あるあるよね。シチュエーションは違えど、子どもがいるとそうなっちゃうのよ、親は……。でもその関係をどうやって改善させたんだろう。今はいい関係なわけでしょ？　何かきっかけがあったのかな。

Eさん　う〜ん……。

内田　親の立場からすると、ヒントがほしいと思っちゃうんです。私も、息子や娘が心を閉ざす瞬間に「もうちょっとヒントちょうだい！」って思っちゃう。「間違えたことを言っちゃってるんだったら、どの部分がダメだったのかを教えて」って。もちろん、丁寧には教えてくれないんだけど……。だから、Eさんが子どもの立場でこれは嫌だったとか、これがよかったとか、アドバイスをいただけたら嬉しいんです。

Eさん　アドバイスだなんて、ええ〜（笑）。

内田　もちろん話せる範囲で、個人的なことでもいいから、お願いします！

親子の関係が変わった瞬間

Eさん　……当時を振り返ってひとつ思うのは、ちょっと距離が近すぎたことです。

自分の心が軽くなり始めたのは、フリースクールに通い始めてからでした。新しい風が吹き込むというか、新しい毎日を過ごすようになって、「今日こんなことがあったよ」とか、母に言うことができるようになってからは、家の中の空気も変わっていきました。

あと、今までは言いたいことを溜め込んでいたんですけど、あるとき、「もう本当に耐えられない」と思って言ってみたんですよ。そのときに母がはじめてハッと何かに気がついたような顔をしたんです。「ああ、そうだったんだ」と。

内田 はあ〜。気づきの瞬間がお母様にもあったんですね。

Eさん それまではお互いに気をつかい合って、ズバッと言うよりも、空気を読むみたいなことをしていたから、本当のことを言うということができなかったんですよ。

内田 それができてから関係性が変わったんだ。

Eさん はい。母親とは、そこから新しい関係を築くことができました。

内田 きっと相当な努力だったでしょ？　お互いに。

Eさん 母も本当に大変だったと思います。私がなんで泣いているのかわからなかったり……。

内田 助けたくて何か言ったことが、あだになっちゃったりもするだろうしねえ。

Eさん　私も母を相当傷つけたと思います。随分あとでですけど、お互いに謝り合いました。

内田　なんて健やかな関係！　私なんて、言いっぱなし、傷つけっぱなし。本当に偉かったねえ。やだなあ、涙出てきちゃう……。

でも……なんでEさんは許せたんだろう。不登校になったきっかけは親の引っ越しだったのに、どうして謝り合えたんだろう。そこがやっぱり気になります。これってつまり、起きてしまった事実は変えられなくても、その受け止め方をどうやって変えていったのかという話だと思うんですけど。

Eさん　そうだなあ……。大きいのは、不登校になって今まで知らなかったことを知れたからだと思います。まず、学校に行かないという選択肢があること、そして学校に行きたくないと思っている子どもたちがたくさんいるということ。さらに学校に行かなくても、その後の人生をいろいろな方向に歩んでいる人たちがいることを知ったから。それは、学校に通っていたら絶対にわからないことだったと思います。

それを知れたことが、行けなかったときの痛みよりもはるかに大きいものだったので、それを知れたときによかったなあ、と思えたんです。それがあったから、謝り合えたのかもしれない。

内田　すごいなあ……。ちなみに、今みたいに明確な言語化ができるようになったのは、シューレに通うようになってからですか？　それとも最近？

Eさん　通い始めてからですね。シューレにいるときは、ルールとして自分の意見を言わないといけないんです。言わないということは〝無言の同意〟になってしまうから。話を振ってもらえるのを待っているだけではいけないし、自分から何かしら発言しないとダメなんですよ。そして、そのためには勇気を持たないといけない。そういう意味ではすごく鍛えられました。

内田　ちょっと石井さんにも聞きたいんですが、シューレがそういうふうに自立を促せるのは、何がいちばんの理由だと思います？　スタッフの存在？

石井　スタッフもあると思うんですけど、仕組みが大きいですかね。週に一回やっているミーティングでは、みんなが集まってプログラムについて話し合います。これは子どもたちが議長や書記もするという決まりなんです。そのときも、空気を読んで意見を言わないとかは決してしないんです。

内田　なるほどなあ。でも、そこではやっぱり、発言できなくてモジモジしちゃう人とかもいたのかな？

Eさん　いました。私もはじめはそういう感じでした。

内田　でもそのうち慣れていって、カンフォタブル（快適）になれたんですね。「これを言ってはいけないんじゃないか」という緊張感が人の発言を止めてしまうと思うから、ここには「間違えてもいい」、「変だと思われてもいい」というような、ある種のあたたかい空気みたいなものがあったのでしょうね。

Eさん　人が発言したことを聞く、という姿勢はあると思います。たとえば、いきなり相手を否定するとかそういうことはなくて、まず意見として尊重してくれる。だから自分もどんどん言えるようになっていったんだと思います。

大人との対等な関係

内田　ちなみに、ここではケンカやイジメはないんですか？

Eさん　ケンカはありますよ。人が一緒の空間に過ごしているので、このルールはおかしいんじゃないか、こういうルールをつくったほうがいいんじゃないか、みたいな感じでぶつかることはあります。でもここは、それをしても〝いい〟という場だから。たとえば学校だったら、自分の意見を先生に言うとか、「おかしいんじゃないですか？」とは言えなかったと思います。

内田　じゃあ、ひとりに何人もが向かっていくとか、そういうイジメはないんだ。

Eさん　ないと思いますね。もしあったとしても……。

内田　すぐ解決できちゃう？

Eさん　助けを求められると思います。

内田　ああ、そういう風通しの良さがあるんだね。それはそういう大人がいるからなのかな。いいスタッフさんとは出会えましたか？

Eさん　出会えました。

内田　よかった。それも大きいよね。学校みたいな、そういう〝箱〟は正直なんでもよくて、大事なのは見守る大人と、自立心を促せる距離感なんだろうな。ちなみに、学校の先生とシューレのスタッフとでは、何か違いを感じましたか？

Eさん　そもそも、学校の先生とつながりを持つということは考えないです。持ちたいとも思わなかったし（笑）。でも、ここのスタッフは、私がどんな年齢であろうとも、ひとりの人間として接してくれるんです。とりあえず話を聞いて、とりあえず一緒にいてくれる。立場というよりかは、人としてつながってくれるというところが違うと思います。

内田　そっかあ、とても素敵ですね。

自分で選んだ辞めどき

内田　東京シューレは、規定では23歳までいられるんですよね。Eさんはもう卒業されたんですか？

Eさん　そうですね。去年の3月、19歳までいました。

内田　自分から「もういいかな」と思った感じですか？　自分で出たいときを選べるわけですから、正直それって、大きな決断ですよね？

Eさん　はい、そのシステムはすごくおもしろいと思っています。周りを見ると、大

学や専門学校に行くとか、進学がいちばん多いんです。じゃあ自分はいつ辞めるのか、と考えたときに、私の場合は、どこかの学校に行くっていうのが思い浮かばなかった。だからむしろ、辞めると決めたのは、進学が決まったからというより、「ああ、私にはもう、ここは必要じゃないな」と思えたときだったんですよ。

内田　その考えが自然と自分の中に出てくるまで待てたんだ。それはすごいね！

Eさん　でも大変でしたよ。だって周りは……。

内田　どんどん行っちゃうわけだもんね。一瞬、焦るものね。

Eさん　「何かやりたいことはないの？」と聞かれても、「うーん、わからないぞ……」って感じだったし。自分の将来のことだって、けっこう考えていたから不安もありました。でも、ぐっと我慢をして考えてみたときに、「私は今までここが必要だから通っていたけど、もう必要じゃないかも」「もう辞められるな」と思えてきて、そのまま卒業しました。卒業後の進路は何も決まっていなかったから大変ではありましたけど、自分で選んだからこそ受ける苦労なんだな、という気持ちだったんです。

やりたいという思いは巡ってくる

内田　本当に感心してしまうなあ……。じゃあ卒業した今のEさんに聞きますが、漠然とでも進みたい方向性はあるんですか？

Eさん　じつは演劇に興味があります。

内田　そうなの！　シューレにいたときに演劇をする機会があったんですか？

Eさん　演劇の授業があって、そこで出会った方の劇団の公演に1回だけ出たことがあるんです。

内田　そのときに、これはおもしろいなと思ったの？

Eさん　はい、やってみたいなあって。

内田　新しい扉が開いちゃったんですね。

Eさん　そうなんです！　だから今は、俳優養成所の試験を受けています。いくつかオーディションを受けたりしているんですけど、何回も落ちるし、続けるのはなかなか大変で……。

内田　うんうん。でも、パッションの火種は持ち続けているわけですよね？

Eさん　はい、辞めたいだなんてまったく思わないです。もともと演劇は好きで、高校も演劇部のあるところを探していました。でも引っ越してからは、全然そういうことを考えられなくなってしまっていた……。それでシューレに通うようになったら、たまたま演劇のサークルがあって、そのときに、自分の求めていたものは、時間がどれだけかかっても巡り巡って戻ってくるんだな、と本当に思いましたね。

内田　そのときに焦ってやらなくても、やれなくても、じっと待っていたら、思いがちゃんと自分のもとに戻ってきたんですね。はあ〜、すごい！

つまずいたあとにどうするか

内田　ここまでのお話を聞いていると、普通の学校に行っていたのでは、こんな理想的な大人になるためのステップを踏めることって、なかなかないと思うんです。

じゃあ、その違いってなんだろうと考えると、Eさんはやっぱり一回つまずいたわけじゃないですか。それでこれまでのリズムが崩れてしまった。でも、つまずいたことでお母様との関係も変わったし、周囲や世間の誰かのためではなく、そのままの自分で人と接することを学んだ。それで今は、自分のやりたいことが全部ちゃんと腑に落ちている。

一方、世の中の流れに沿っていると、みんな忙しいから、つまずいたり、腑に落ちたりしている場合じゃない。何事もどんどん進んでいってしまう。それが果たしていいことなのかどうか……。でも、もし私がEさんのお母さんだったら、Eさんが自分で「もうひとりで違うステージに行ける」と言えるまでになったのは、本当によかったと思うだろうなあ。

Eさん　ふふふ。

内田　子どもたちにどういう大人になってもらいたいか、どういう役割を教育に望んでいるかと言ったら、もちろんアカデミックな勉強もさることながら、何よりも人として大事なことを学ぶことですよ。

人生70年なのか80年なのか１００年なのかはわからないけど、学校にいるのは、そのうちのほんの十数年。そう思ったら……、もちろん学校に行けないということがどれだけ子どものストレスになるのかということも、これまでのお話でわかったんだけれども、それでも学校に行けないからといって、その人生を終える必要がないということは、ひしひしと伝わってきます。

Eさん　本当にそうですよね。

内田　このあいだ石井さんと話したときに〝底つき〟という言葉を教えてもらったんだけど、Eさんはつらさに耐えながら、覚悟を持って思考を熟成させた。そして理想的なかたちで〝底〟を抜け出せたんだと思います。きっと人生に恵まれているだろうなぁ。もちろん、これから何十年も生きていく人だから、別の壁にぶち当たることもあるだろうけど、これだけ自信を持って心の成長を遂げてきた人は安心だと思います。

やり切る経験

Eさん　私が「もう辞められる」と思ったのは、シューレでいろいろなことをやり切れたのも大きかったと思います。たとえば２０１４年には、韓国で行われた「世界フリースクール大会」（ＩＤＥＣ）に友達と一緒に参加しました。各国の若者が前に出て自分のフリースクールのことを話すんです。もちろんそのときはとても緊張しましたが、そもそもこれまでだったら、どんなに仲のいい人であっても、自分がフリースクールに通っているということは言えなかったです。恥ずかしくて。

内田　躊躇があったんですね。

Eさん　自分の本当の気持ちを言うことよりも、その先にある反応のことばかり気にしてしまっていたから。でも、大会での経験があって、「言いたい！」という自分の気持ちを見つけられた。そこからは言えるようになったし、アルバイトの履歴書にも「フリースクール入学」と書けるようになりました（笑）。フリースクールに通っている自分が〝今の私〟だと認められたんですよね。

内田　アイデンティティができあがったのかもしれませんね。

Eさん　はい、そこから変わりましたね。

9月1日は〝決断〟の日

内田　Eさんはシューレ時代に動画もつくっていましたよね。[7]　ＹｏｕＴｕｂｅで事前に拝見しました。あれもやり切ったことのひとつだと思うのですが、どういう意図でつくられたんですか？

7　「フリースクール東京シューレ王子」のＹｏｕＴｕｂｅチャンネルで以下の動画を公開中。
・「【不登校】学校に行くことは義務じゃない」（２０１６年８月18日）
・「動画に込める思い」（２０１７年８月29日）

Eさん　やっぱり、夏休み明けがもっとも子どもが亡くなる数が多くて……。私には、その気持ちがすごくわかるんですよね。春に学校に行くのをやめて、そのまま夏休みを過ごしたんです。夏休みはある意味、みんなが休んでいい時期だから、ちょっとは気を楽にして休めるんですけど、9月の休み明けが近づいてくるともう、本当にどうしよう……と思ってしまって……。

内田　胸さわぎがしちゃうんだね。

Eさん　はい。それに、「夏休みが終わったタイミングで、また学校に行けるかもしれない」とも思っちゃうんです。でも、頭によみがえってくるのは学校で過ごしたつらい記憶……。そこに戻るか戻らないかを選ばないといけない。しかも戻らないと決めるのなら、その先は、学校によって決められたもののない人生を自分で生きていかなくてはいけない。そう思ったとき、そのことがすごく重い決断に思えたんです。だから本当に、夏休みが終わるという時期は……。

内田　……いちばん憂鬱？

Eさん　はい……。自分の存在を恥ずかしいと思うことって、本当に悲しいことなんですけど、夏休みが終わるあの時期っていうのは、嫌でもそんな自分と向き合わざるを得なくなる……。「あなたはこれからどうするの？」って、自分で決めることになる。それは本当に苦しいことです。だから夏休みが明ける前に、そういう決断をしなくちゃいけなくて苦しむ子どもたちがたくさんいるのは、よくわかります。

内田　そういう子どもたちにとにかく、「行かなくていいんだよ」「死は選択肢じゃないんだよ」ということを、Ｅさんは動画を通して伝えたかったんですね。だって、Ｅさん自身がほかの選択肢があることを体現しちゃったんだもんね。

Ｅさん　そうですね。

学校に行くことは義務じゃない

Ｅさん　あの動画は「学校に行くことは義務じゃない」というタイトルなんですけど、いちばん苦しいのって、自分の嫌だという気持ちをすでにわかっていながらも、その気持ちを認められないということだと思うんですよ。それは本当につらいんです。

「学校に行きたくない」と言っても、親から「もうすぐ土日が来るから、それまで頑張ってみよう」と言われちゃったり、自分の気持ちをうまく言い表せられないために、暴力的になっちゃったり。ほかにもたとえば、本当は行きたくないんだけど、お腹が痛いという別の理由をつくりだそうとして頑張ってしまうとか……。

父の話

内田　自分の気持ちにどんどん嘘をついてしまうんですね。

Eさん　そうです。だから私は、そういうふうに思っている子どもたちに、今感じているその〝苦しい〟という気持ちは、正当なものだと伝えたい。

内田　間違いじゃないし、ありのままをまず受け入れていいんだよ、というエールなんですね。Eさん自身が、「学校へ行きたくない」「消えてしまいたい」という思いが〝正当なもの〟だと気づいたのはいつ頃なんだろう？

Eさん　シューレに来て、同じような経験をしている子たちと話をするようになってからですね。私も、家にいるときにはそう考えることはできませんでしたから。やっぱり、「消えてしまいたい」と思ったという人は多いんです。そして話を聞いていると、そこにはすごく正当な理由がある。いじめられていたり、人として扱われていなかったりするから。そして、人に対してそう思えたときに、私自身もそうだったんだ、ということに気がつけました。

正当な理由がちゃんとあるのに、その思いを否定されること自体がつらいから、私たちは余計に自分をなくしたくなってしまうんだな、と思ったんです。

内田　ちなみに、Eさんのお母さんは専業主婦でずっと家にいたの？　あと、これは聞いていいのかわからないんだけど、お父様はどんな様子だったんだろう……。

Eさん　あっ、私の家庭はちょっと特殊でして、両親が牧師をしているんです。

内田　えぇー！　キリスト教ですか？

Eさん　そうです。プロテスタント宗派なので男女両方、牧師になれます。[8]

内田　そっかあ……。宗教ってやっぱり哲学だし、もっと言えば人の心の問題に常に向き合ってくれるものだと思うんですよ。ある意味、お父さんもお母さんも、世の中を見つめて、人を導く立場の人たちですよね。それでも、お母さんには「学校に行ってもらいたい」という気持ちが最初はあったんだ。お父さんの感覚としてはどうだったんだろう。もちろん責めるわけではなかったんだろうけど。

Eさん　父は、何かわずらわしく言ったり聞いてきたりする人ではなかったです。でも、つい最近なんですけど、集会でお話をするときに、私が学校に行かなかったとき

8　プロテスタントの場合、教派にもよるが、女性でも牧師になれる。カトリックの場合、女性はカトリックの聖職者（司教・司祭〈神父〉・助祭）になることは認められていない。シスター（修道女）を選ぶことになる。

のことを話したことがあって。そのとき、「自分は娘の心や性格、考え方を理解しているつもりだったけれど、いざ、そうなったときはすごく慌ててしまった」「すぐに行動してしまった」と、悔やんでいました。

内田　「行動」っていうのは？

Eさん　不登校をどうにかするための行動ですね。たとえば、ほかの学校に転校してみるとか、成績のために家の中でもいいから学校の宿題をさせるとか、そういうこと。

内田　お父さんも、Eさんが「学校に行かない」ということによって焦ってしまったのね。聖書には偉大な教えや人間の美しい在り方が、いろいろ書いてあるんだと思うけど、生身の人間、ましてや自分の子どもの話だから、焦るのはすごくよくわかります。でも、そういうご両親だったから救われた部分も大きいでしょ？

Eさん　そうですね。「行かない」と言ったときに「ダメ！　行きなさい！」と責める人たちではなかったから、それは本当によかったと思います。もちろん苦しいことはありましたけど、とりあえずあのとき家にいることを許してくれたのはふたりだったから。

内田　親子ともどもすごい大きな試練をくぐってきて、大きな気づきを持てたんですね。今はそういう話も家族でできる感じですか？

Eさん　できます！

内田　ああ、本当によかった。

私たちは、ずっと怒っている

内田　最後にもうひとつだけ質問していいかな。Eさんは動画の中で、「追い詰められている子どもの存在を知りながら、『でもそれってしょうがないよね、どうしようもないよ。イジメ、不登校に対する偏見、社会の目は変わらないよ』といって、この異常事態に鈍感になっていく心が、そこらじゅうにある社会。私はそれが悔しいです」とおっしゃっていましたよね。子どもたちではなく、大人たちに伝えておきたいメッセージはありますか？

Eさん　ああ……うーん……。私がもっとこうしてほしいなと思うことはひとつだけなんですけど……。

内田　ひとつだけなの？　ドキドキ……。

Eさん　あはは（笑）。あの…………もっと声を上げてほしいんです。児童や生徒が自殺したとか、イジメのせいで体に重い障害が残ってしまったとか、そういうニュースが流れたときに、上がる怒りの声が小さすぎると思うんです。

この動画をつくったときも、原稿を書いているときも、自分の中の感情としては静かなんですけど、やっぱり怒りを持っていたんですよ。「どうして苦しんでると知っているのに何もしてくれないの？」「どうしてもっと怒らないの？」って、常日頃から思っているので。

だって、私たちは、子どもたちは、すでに怒っていて、こうしてほしいって言ってるんですよ。でも、私たちの立場はどうしたって弱いから、大人の声は私たちの声よりも大きいんだから、それを使って私たちを助けてほしい。

内田　本当の意味で大人が、社会が、保護していないということですね。何か事件があったときに、もっともっとメディアも掘り下げる必要がある。その事件に至った背景が浮き彫りになるような取材をして、ドキュメンタリー映像でもいいし、ネットの記事でもいいし、そういう発信する声がいろんなところにあるといいですよね。

そしてその役割を担うのが『不登校新聞』だけだと、やっぱり足りないんだと思う。この新聞にたどり着くまでに私も四十何年かかったわけだから、たとえばファッション誌の全然関係ないページの中に、パッとそういう情報がちりばめられていたりしたらよりいいですよね。あとは『学校に行きたくない君へ』という本のように、まったく異なるフィールドの人たちがこの問題を伝えていくというような取り組みも、同じように大切だと思います。

Eさん　そうですよね。

内田　おもしろくないと、無関係な人は興味を持たないから。話はそれるけど、イギリスには2年に1回、慈善団体の「コミックリリーフ（Comic Relief）」が主導する「レッドノーズデー」というチャリティイベントがあるんです。そこではコメディアンからシンガーから役者まで、あらゆるジャンルの人たちが〝コメディ〟を介していろいろな国内の問題を提起するんです。たとえば、貧困層の話をわざとコメディ番組にして国営テレビのBBCで放送する。すごい危ういし、日本だったら放送禁止みたいな感じですよね。

でもそれってすごく賢い笑いというか、〝ひどいもの〟を見せられた視聴者は、最初はワーって笑っているんだけど、だんだんと怖くなってくるの。日常の中での差別だったり、イジメだったり、障害者の人たちに対する扱いに対して、「あっ、これってまさに普段、自分がやっていることなんじゃないか？」って思わされる。

これをチャリティの一環としてやっているんだけど、そもそもコメディだから、この取り組みはおもしろいんだと思うんです。真面目な社会問題のニュースは、テレビをつければ毎日やっているわけだから。でも、まったく興味のない人にチャンネルを変えずに見てもらえるというのは、やっぱりコメディの強みだと思う。そういう感じで、日本には日本にぴったりな、人を引き付ける吸引力のあるメディアの表現方法が出てきてもいいはずですよね。とにかくいろいろなフィールドの人のアイディアを凝縮できたらいいと思う。

Eさん そういうのがイギリスにはあるんですね。本当にそうだと思います。

内田 でも、何よりも今日は、「ああ、不登校の現実ってこうだったんだ」と、実際に体験されたEさんに会ってお話をすることで、すごく立体的に捉えられました。とても他人事には思えなかった。だって、これって誰にでも通じる話ですから。ひきこもらないまでも、誰もが壁にぶち当たることはある。だから、今回の本がうまく届けば、みんなが、「ああそうか、こんな現実がまだあるんだね」って問題を掘り下げてくれるかもしれない。すごく希望が持てました。ありがとうございます。今日は本当に楽しかった。

Eさん こちらこそ楽しかったです。ありがとうございました。

Eさん

2019年2月20日時点で20歳。15歳、中学3年生のとき、親の引っ越しにともない不登校になる。同時期5月から半年間、ひきこもりを経験。その後、東京シューレに入る。2018年、19歳のときに卒業。現在は女優になる夢を追いかけている。

対話3

志村季世恵さん（バースセラピスト）

〃底〃にいたときの感覚を忘れないで

「季世恵《きよえ》さん、ひさしぶり～!!」

２０１９年3月5日、東京は日本橋馬喰町《ばくろちょう》、「ダイアログ・イン・ザ・ダーク」の静謐《せいひつ》なオフィスににぎやかな声が反響し、ふたりの女性がハグを交わしています。

ひとりは内田也哉子さん、もうひとりは今回の主役、志村季世恵さん。志村さんはダイアログの理事であると同時に、樹木さんの最期に寄り添った「バースセラピスト」。内田さんとも共著を出版するなど、家族ぐるみのお付き合いがあります。

18年10月16日に放送されたテレビの取材で、志村さんは、「(樹木さんは) 8月に大腿骨を骨折して一時危篤状態になり、そのあと声が出なくなった。それで紙に書くことが多くなった」と、介護中の様子を語っています。また8月26日付の樹木さん自筆のメモには、「どうかな今年は」「そのメッセージは仲々届かないよ。あまりに勿体ない生命」など〝9月1日〟を憂う言葉が並んでいたそうです (フジテレビ『とくダネ!』より)。

志村さんは職業柄、不登校の親や子の相談にのった経験が豊富にあるだけでなく、自身も不登校経験者であり、不登校の子どもを育てた母親でもあります。「このテーマなら季世恵さんともお話がしたいです」――内田さんたっての希望もあり、今回の対話が実現しました。

本編に入る前に、「バースセラピスト」という造語について、志村さんの著書を参考にしながら説明しておきましょう。志村さんが対象とするクライアントは、妊産婦、親子関係にトラブルをきたしている人、知的な部分や体に障害のある子どもを育てる親、自閉症児、末期がんを患う人などです。

人は大きな苦しみを抱えると、そこから一歩も進めず、自分が置かれた状況から逃げることばかりを願うようになると思いがちですが、私がここに記した方々は、苦しみを乗り越え、希望に満ちた生き方に変えていこうとする人たちでした。／たとえ死の直前でも、寿命が尽きるのをただ待つのではなく、何か生み出せるものを懸命に探し、それが見つかると、最期のその時まで、実行する努力を惜しまずにいたのです。／それを見た周りの人々は、自分の心の中に希望の種が蒔かれます。周りにも何かを与える行為は、まさしく「誕生＝バース」でした。

——『さよならの先』講談社文庫

この何かが誕生する瞬間を忘れないために、志村さんはセラピストの上に「バース」を付けたそうです。今回の対話からは、いったい何が生まれるのでしょうか。

私は〝隠れ不登校〟だった

内田　季世恵さんはいろんな才能をお持ちで、バースセラピストとしてターミナルケアや、ときには行き詰まった人の心を軌道修正するような心のカウンセリングもされています。その中でも多い相談のひとつに〝不登校〟があると聞いて、今日は生の声を教えていただきたいと思い、やってきたのですが……実は、季世恵さんご自身も小さいときに不登校だったんですよね？

志村　……〝隠れ不登校〟ね。

内田　なんですか、それ（笑）。

志村　表立って〝不登校〟と言うと、親や先生が気にするでしょう？　だから〝隠れ不登校〟だったの。

内田　何気に不登校していたの？

志村　そう、何気に（笑）。心の中では学校に行きたくないと思っているんだけど、たまたま私は体が弱かったから、それに便乗していたところがあるかな。

内田　ああ、そっか。

志村　だから隠れ不登校。あとね、私は幼稚園も〝中退〟してるの。

内田　もうどういうこと〜（笑）。でも、それは前にも聞いたかもしれない。どういう経緯なんでしたっけ？

幼稚園を〝中退〟するまで

志村　どうして幼稚園に行きたくなかったかというと、集団生活にあまりなじめなかったから。たぶん、自分の置かれた環境と、周りの子どもたちの環境が違いすぎて、ちょっと温度差を感じたのかな。

内田　そんな小さいときから。

志村　あと、幼稚園のときの先生が好きじゃなかったの。

内田　でも、今はオールマイティじゃない？　いろんな人と出会うお仕事だし。小さいときは好き嫌いがハッキリしていたんですね。

志村　自分で自分の意思を伝えられるようになってからはよくなったんだけど、幼稚園のときはそうじゃなかったから。ある先生が、特定の子をいつも注意していたの。たとえば、ほかの子がおもらししても怒らないのに、その子にだけは叩いたりすごく怒るの。「たいしたことじゃないのに」って、子どもながらに思っていたんだけど。

内田　〝目の敵《かたき》〟っぽくしてたのね。

志村　私から見ると「なんでそんなふうに差をつけるんだろう」って。でも当時は、理不尽に感じていることをどう伝えたらいいのかがわからなかった。だから、ただニガテだったの。ちなみに、隣のクラスの先生はキレイで優しくて好きだったから、私はたぶん面食いなんだと思う。

内田　面食い（笑）。

志村　それでね、いつも怒られているその子は私の隣の席だったんだけど、むしろ私のほうがつらくなって行かなくなっちゃったのよ。その子は休まないでちゃんと通っていたのに。そのときちょうど家のお引っ越しもあったから、転園しようという話になって、そのときに「幼稚園はもういいかな」と……。

内田　中退したんだ。

志村　幼稚園嫌いの私を知っていた父は、「まあ、幼稚園だしいいんじゃない」って。

内田　寛容だったんだね、お父様が。

志村　そうね。だからずっと野原で遊んでた。

〝嘘つき〟と呼ばれて

内田　人とのコミュニケーションがとりやすくなったのはそのあと？　そこから世の中の理不尽なこととか、学校内での人間関係とかに、自分で対処できるようになったんですか？

志村　それは徐々にだと思う。小学校のときはちゃんと学校に通ってたんだけど、私の家庭環境はちょっと変わってるというか、普通の子どもたち――本当は〝普通〟なんてないんだろうけど――多くのクラスメイトからすると違っていたんじゃないかな。

会話の中で、私が普通の感覚で普通のことを話すじゃない？　でもあるとき、クラスメイトから「志村さんは嘘をついてる！」と言われて〝嘘つき〟にされちゃった。私はあんまり嘘をついたことがなかったから、「なんで自分が嘘つきなんだろう」と思って、母に理由を聞いてみたの。それで「何を言ったか話してごらん」と言われたから、『きょうだいは何人？』と聞かれたから『5人』と答えた」って……。

内田　でもそれって、許容範囲ですよね。

志村　大人になるとそう思えるけれど、年齢差がそこまであるのも珍しいのかもしれないね。でも本当のことだし。いちばん上の姉とは18歳年が違っていて、そのとき私にはもう姪っ子がいたわけ。だから「きょうだいは何歳？」という話になったときも、

「お姉ちゃんは25歳で、赤ちゃんが生まれたばかり」と言ったんだけど、「そんなことあるわけないじゃない！」とか言われちゃうの。「私には、お姉ちゃんとお兄ちゃんとお姉ちゃんと3人いて、私と妹がいて、いちばん下のお姉ちゃんとは14歳違う」と言ったときも、「嘘つき」って言われちゃった。そういうことを母に話したら、「きょうだいは2人と言えばいい」と言われたのよね。

内田 アバウトに2人ってこと？　5人いるのに（笑）。

志村 ねぇ（笑）。でもそれって結局、母が産んだ子どもの数なんだよね。

内田 そっか。お父様が再婚されているんでしたね。でもお姉さん、お兄さんとは一緒に住んでいたんだよね？

志村 もちろん。だからこそ嘘をつきたくなかったの。姉と兄の存在を否定することになると思ったし。

否定することなくそのままにしていたら〝嘘つきの志村さん〟にされちゃって、学校の中に心を置く居場所がなくなった。それが小学校のとき。

だからそのときは、人って自分と同じような環境だと想像できるんだろうけど、そうじゃないと——子どもだからかもしれないけど——違いを受け入れるのに時間がかかるんだな、ということがわかったのよね。

モヤモヤを抱えて

内田 そのときはいじめとかにはエスカレートはせず、ただ浮いてしまったというか、孤立してしまった感じ？

志村 そうそう、そんな感じ。そしてまた転校したんだけど、その頃は私も病弱で、色白で細くて、今とは全然違う感じだったの。髪も長かったし。転校した先の学校の雰囲気とは、違うタイプの子に見えたのかもしれない。男の子からやたら人気が出た時期があって……。

内田 あらっ！　それってプチ自慢？（笑）

志村 モテ期、モテ期（笑）。そしたら、それを女の子たちの集団が……。

内田 妬《ねた》んじゃったんだ。

志村 そうみたい。それは小6になって起きたことだったのだけれど、この時期って特に多感になるし異性を意識する頃だよね。そんなときに転校してきた男の子がいて、その子は背が高くて、大人びた言葉を使う成績の良い子だった。あっという間にクラスの女子の注目を集めたの。それであるときひとりの女の子が、その男の子に「誰が好き?」って聞いたら「志村さん」と答えたんだって。「髪が長いところがいい」って。そしたら女の子たちがハサミを持って私のところに来て、「髪の毛、切ってくれない?」と言ってきたのよ。

内田 ええっ! それは完全ないじめでしょ。

志村 今考えたらね。それで私はすごく悩んだの。髪の毛くらいでおさまるのか、バカみたいだな、と。そもそも髪の毛で好き嫌いを決めるのもおかしいし、どちらかというと、女の子よりその男の子がおかしいと思った。

内田 そっちに反応したんだ(笑)。

志村 そうなの(笑)。で、切ればいいやと思って、切ったの。その場で切ると問題になると思ったから、美容院でだけど。

内田 そしたらどうなったの?

志村 「ホントに切ったんだ……」みたいになっちゃって。

内田 わっ。でも、その男の子はもちろん髪を切っても好きだったでしょ?

志村 それはわからない。

内田 そこはどうでもいいんですね(笑)。

志村 うん(笑)。外見で判断したり、話したこともないのに好きになるのもおかしいし、それに踊らされる女子もおかしいじゃない。でもそのときはそれ以上に、理由を具体的に表現することができないモヤモヤがあった。「どこがおかしいか」を言えなかった。

以降、クラスの中心となる女子グループと合わなくなって、先生もフォローしてくれたものの、その子たちの心にも、私の心にもそのフォローはうまく届かなかった。そういう経験の積み重ねがあって、そこから自分の中で〝学校〟が受け入れられないところになっていったのかなぁ。

病院で学んだこと

内田　学校はいづらい環境だったんだね。中学・高校もそうだったの？

志村　なんとなくだけどね。友達もいたし、表立った何かがあったわけではないんだけど、やっぱり〝ズレちゃう子〟っているじゃない？

内田　それは当然よね。みんなリズムが違うのが、人間だから。

志村　私自身そういう状態になっちゃったり、それで喧嘩になっちゃったりするのも見ていたから。

内田　そうなんですね。じゃあ今みたいに、人の気持ちを傷つけることなく、うまく場を収めるみたいなことは、いつからできるようになったんだろう。

志村　……どうだろう。それこそ徐々にだと思うんだけど、小6の終わりから中学時代にかけて入院や手術を何度かしてね、そのときに重い病気の人ともたくさん出会った。命の尊さを自然に学べたのだと思う。もうすぐこの世からいなくなってしまうであろうことは、一緒にいれば誰にだってわかる。そんなときに自分がどんな言葉をかけたらいいのか、もしくは自分がどうふるまえば別の誰かが元気になるだろうとか、そういうことを考えて行動したりしていたのよね。それが中学生の頃だった。

内田　思春期の頃だ。

志村　そうね。たとえば多くの子どもたちが、塾とか習い事でお友達ができるとか、学校外のことから学ぶことってあると思うんだけど、私にとってはその学校外が病院だったのかもしれない。そして高校生になったとき、たまたまその大学病院の放射線科でアルバイトをさせてもらったの。

内田　一高校生を？

志村　お世話になっていた放射線科の先生が父の友達だったから呼んでくれた。私が多感な子どもだと知っていたんじゃないかな。会議にも何回か出させてもらったし。

放射線科って、当時は赤ちゃんもお年寄りも関係なく、末期も末期の人が行くところだったの。もちろん放射線を当てても望みがないという子もやってくる。その頃は――もう40年くらい前の話だけど――延命しかない時代だったな。

その日、議題にあがったのは2歳の子だった。脳の腫瘍だったんだけど、腫瘍がよくないところにあったから、放射線が当たることでの失聴や失明のリスクがあった。だから放射線科の先生は、「僕は賛成できない」と言ったのね。「お父さん、お母さんが声をかけても何を言っているのかわからないし、延命だからといってやっていいのか」って。でも、当時の医療は延命第一。照射を始めてしまった。そしてその子は聴こえなくなり、見えなくなり、亡くなったの。お母さんはどうしてこんなことになったのかを理解できず、本当に気の毒だった。

内田　…………。

志村　私はそういうのを見ていたからか、「自分で言葉を発せる人にならないとダメだ」と思ったの。もちろん高校生の自分が発言することで何を変えられたかはわからないけど、自分の意思や意見、気持ちを言うことは大切なのだな、って。

内田　まず言ってみる、ということをね。

志村　うん。病院ではそういう世の中のことを見せてもらえたし、学校だけでは学べないコミュニケーションとか、人との付き合い方を覚えられた。病気は嫌だけれど、〝隠れ不登校〟時代の学びかな。

不登校の親になる

内田　少し話を変えるけど、季世恵さんにはお子さんが４人いて、そのうちの誰かが不登校になったことがあると聞きました。差し支えなければ聞かせてもらえますか？

志村　娘が中学校で不登校になってね。小学校低学年のときにとても重い、生死をさまようくらいのすごく大きな病気をしたんだよね。退院してから時々いじめられるようになったの。小学生のときはそれでも友達と遊んでいたけれど、中学に入ってからだんだん学校に行けなくなった。さらに娘の場合は、睡眠リズム障害も伴い余計に登校しにくくなっていったの。

内田　自分の子どもがそういう状況になったとき、それをどういうふうに捉えましたか？　不登校の現実については、もちろんほかの親よりはわかっていただろうけど、それが自分の子どもに起きたときに、何かまったく違うことを感じたのか、それともいつものノウハウが応用できたのでしょうか。

志村　もちろん私自身は、仕事を通して多くの子どもたちや親御さんと会っていたので、パターンはわかっていました。だけど、違うことがあるとすると、クライアント、つまり私のもとに来てくれる子どもたちとはお話がしやすいの。私を頼って来てくれているし、私のことも気に入ってくれているから。

でも変な話、自分の子どもは選んで〝私の子ども〟になったわけじゃないでしょ？〝お母さん〟という距離感になってしまうから、対話をするということに関しては、通って来てくれる子どもたちとは違ったな……。距離の取り方は親のほうがずっと大変だと思う。

内田　難しかったんだね。

志村　だから他者に関わってもらうということは、すごく大きなことなんだね。うちの場合はきょうだいがいて、ほかの子たちが娘の気持ちをわかってくれることもあったし、学校ではない場所に通わせることができたから。

ただ……そういえばなんだけど、娘が学校に行きたくなくなったいちばんの決定打は私と似ていたんですよ。やっぱり今もある話なんだろうけど、女の子ってグループがあるじゃない？

内田　仲良しグループ？

志村　そう。ひとりの子をいじめてグループから外すようなことがあったときに、一定期間が過ぎたら、また別の子をいじめる。それで、前にいじめられていた子が同じ目に遭いたくなくて次の子をいじめる。そういうローテーションみたいなものがあるよね。

娘は、自分がいじめる側に回ることで、いじめられる側から脱出するということを、「嫌だ」と思ったんだって。「だから学校に行かない選択をしたい。いじめっ子にはなりたくない」と言ったんだよ。

内田　「なりたくないから」かぁ……。

志村　それは〝逃げ〟かもしれないし〝勇気〟なのかもしれない。でもとにかく、「だったら中学の残りの2年間をすごく大切な時間として考えよう」って話し合ったの。「ただ学校に行かないんじゃなくて、どうすればそういう状況に〝ダメだ〟と言える自分になれるのかを考える2年間にしてみたら？　お母さんで役に立てるなら、時々でいいから話して」って。

だからその期間は、私が完全にコミットしたというより、距離はちゃんと置いていたつもりなの。そしてそれが、娘にとって大切な時間だったんだと思う。私はよく、「学校に行かない時間を、親も子も〝苦しみの時間〟に変えすぎないでほしい」と言うんだけど、積極的に何かを考えるんじゃなくて、「大切な時間になるかもなぁ」くらいに、そっとしておくのがいいんだと思う。

経験を〝発酵〟させる

内田　ほかの人たちを客観的に見て関わってきた季世恵さんだからこそ、「いつか必ずトンネルは抜けられる」というある種の〝希望〟を持てたのでしょうか。

志村　持っていました。だって自分がそうだったから。あと、私はよくそういうときに、「発酵させる時間にしたら?」とも言うの。

内田　ああ〜、なるほど。

志村　ただ、〝発酵〟と言っても、置きっぱなしにするとカビが生えちゃうし、腐っちゃうこともあるんだけど。それでも、「〝今このとき〟を、やがては自分の大切な経験にできるようになる」って、発酵の素《もと》になるような言葉を、閉じこもるときにふっと振りかけるイメージなんだよね。

内田　そういう表現をするところが季世恵さんだなぁ。私もいろんな相談をさせてもらっているけど、今日みたいに優しく淡々と話してくれる一方で、すごく大きな問題で悩んでいるときに、「たとえばその苦手なことを〝しいたけ〟に置き換えてみて」とか、突拍子もないことを言ってくれる。それがおもしろいんです（笑）。

そして、その喩えが本当にピシッと当てはまっている。今の〝発酵〟の話もそうだと思った。なんで喩えが必要かというと、置き換えることが、自分を客観視するヒントになるからなんですよ。ぬか漬けとか味噌とか、日本には素晴らしい発酵食品がたくさんあるじゃない？　しかも発酵されたものって、体にもいいし、美味しい。

志村　うんうん。

内田　自分も、日本の学校でいじめられたりつらい経験をしたりしました。もちろん、それと何年も不登校した人の話とは比べられないと思うけど、いろんな人がその期間を〝抜けた〟という話を聞いていると、本当に素晴らしい人生の発酵期間だったんだろうなって思える。発酵って言葉はイメージにぴったり。

しかも、子どもたちがひとつの学校、ひとつの学級に何十人といたときに、そういう経験をする人ってたったの数人でしかないですよね。「なんでそういう人は、そういう壁にぶち当たるんだろう？」と考えたときに、まだほんの少しの話しか聞いていないけれど、やっぱり世の中に対して「おかしい」とか「私たちがやってることはこれでいいのだろうか」って疑問を持つ力、ある意味〝成熟したもの〟を持っているんだと思う。そういう〝魂〟を持った人たちは――と言うと変かもしれないけど――自分自身で「何が人生でいちばん大事なのか」に気づこうとしているのかもしれない。

志村　ああ、そうかもしれないねぇ。

内田　私もそうだけど、日常を生きていると、やらなきゃいけないことに忙殺されてし「なんで?」を考える暇がない。いじめが隣で起きていても、個人の責任になってしまう。そういう社会の流れの中で、不登校の子たちは「どうしてこんなことがあっていいの?」って、ひとつひとつに深い疑問を持つわけですよ。

そして、すぐに答えが出ないからこそ〝発酵〟させる。クラスメイトや学校の先生、家族との関係もそうだし、そういうことについて試行錯誤しながら考える。そうやって〝暗闇〟に一度閉じこもって得たものって、そつなく社会の流れにうまく乗れた人よりも――比べるのはおかしいかもしれないけど――とっても豊かだと思います。

志村　やっぱり〝感じる力〟があるから順応できなくなると思うの。高い感性がもともとあるから、自分でも消化できなくなっちゃっているんだろうね。そんな自分を見つめる時間はやっぱり大事で、不登校の人たちは、周りのみんなと同じリズムで走る必要性はないということを、早くから知れた人、あるいは感じられた人たちなんだと思う。

ただ、暗闇を走っているときって、どこへ行くかわからないじゃない？　見守る親としては、周りの子と同じところにゴールしてくれたほうがよっぽど気が楽だし、迷走するわが子を見ているのも苦しい。本人も、迷走してしまっている自分が苦しいし、親が心配していることもわかる。そこで学校や周囲からいろいろと言われると……、本当につらくなってしまうんだよね。

〝完璧〟になれなかった女の子

内田　私が話を聞ける人は生き抜いた人だから、最終的には死を選ばなかった人たちなんです。でも、実際に死を選んでしまう子どもがたくさんいる中で、どうしたら社会なり、家族なり、周りの大人たちが、〝死〟ではない選択肢もあるということを提案できるのかを考えているんだけど……。

季世恵さんが不登校を乗り切るまで付き添った人の中で、特に印象に残っている人はいますか？　たとえば自殺まで考えてしまったような子。

志村　う～ん……。頭に浮かんだのはある女の子。中学校の頃から不登校だったんだけど、私のところに来たのは高校生のときだったかな。だいぶ切羽詰まってしまっていて、2回自殺未遂を繰り返したと言っていました。

内田　本人が来たの？　それとも最初は親御さんが？

志村　最初にお母さんから連絡があって、そのあと本人が「会ってみたい」と言って会いに来たのかな。その子のお母さんはとっても話のわかる人だったし、お父さんもいい人で、すごく円満な家庭だったんだけど、〝キッチリしましょう〟というのが強かったの。

その子はほとんどの教科が得意で、いい表現ではないけれど、いわゆる〝できる子〟だった。でも一部分だけ〝できない子〟だった。そして、得意なものはいっぱいあるのに〝全部できないとダメ〟という親御さんだったんだね。

その子には女優になる夢があったの。志望する劇団に行きたくて試験を受けているんだけど、どうしてもダンスができなかった。

内田　習った通りの動きができない、ということ？

志村　そう、真似できないの。左手を上げると言われても、左手が上げられない。そういう状況だから、体育も苦手だったのね。ほかはできるんだよ？　でもそこから、「自分は完璧ではないいんじゃないか」と思い始めていくのね。

内田　完璧な人なんて、誰もいないのに……。

負のループへ

志村　その子はまず、ご両親に相談したの。ほかの教科の成績は5で、体育だけが3だったから、それを強化するためのレッスンをつけよう、という話になったみたい。もちろんポジティブな話だったと思うんだけど、そのとき〝できないところ〟に集中しすぎてつらくなっちゃったんだね。夢があるのにそれが「永遠にできないんだ」って、どんどんおかしなふうになっていった……。

内田　「ダメだ、ダメだ」という考えになっちゃったのね。

志村　それにその子は、学校でいじめられていたわけでもなかったの。でも、ある日お友達に「女優になりたいのにダンスができないんだよね」と言ったら、「見ていてあげるから、みんなでやってみようよ！」という話になったみたい。そしたらやっぱりその子だけ、ワンテンポもツーテンポも遅れてしまう。

　そのときに、みんなそれを笑ったんだって。指さして。もちろん彼女たちに悪気はなかった。でも、〝笑われた〟ことがその子の心にずっと残っちゃったんだね。それで夢も希望もないと思っちゃった。極端な話だけど。

内田　そっかぁ、なんとも、う〜ん……。

志村　実はその子は、弟さんも不登校だったの。お母さんが心配したのは、〝娘が弟のようになったらどうしよう〟ということだった。だから頑張らせすぎちゃったんだね。実際、そのお母さんは先生にも言いに行ったみたいだから。

内田　お姉ちゃんが通っている学校の先生に？

志村　そう。「子どもが学校で〝笑われた〟と言っているんですけど、いじめられていませんか？」って。先生はそれを気にして、子どもたちの前で「うちのクラスでいじめが出たようだ」と言ってしまったんだね。そのとき「あのダンスのことじゃないか」って話になるんだけど、お友達は「そんなつもりはなかった」って、みんなその子にどう接していいかわからなくなっちゃったの。

内田　ギクシャクが始まっちゃったんだ……。

志村　孤独な状態になってしまった。でもそうするとまたお母さんが学校に言いに行くから、先生もつらくなっちゃって、いろいろな手段を取ろうとして、結果的に不登校になっちゃった。

内田　悪循環だね。きっかけは些細なことだったのに……。

志村　どんどん状態が悪くなっていったみたい。お母さんは外資系の仕事をしていて、海外によく出張していたから忙しかったの。だから余計に心配だったんだろうけど、子どもからすれば、「お母さんは言うだけ言って、私の話は聞かないまま外国に行ってしまう」と思えたんだろうな。壁がつくられていって、学校でも家庭でもうまくいかなくなっちゃった。

それで学校に行かなくなるから運動もしなくなって、太っちゃったんだね。女優を目指していたのに体重がどんどん増えていく。その現実が認められなくて摂食障害になった。今度は精神科で〃うつ〃だと診断されて、お薬が処方されちゃった。本当は話さえできればよかったんだけど、ちょっとずつ歯車が合わなくなっていったの。昼夜も逆転して、夜眠れなくなって、睡眠薬を飲むようになって……。

内田　それで自殺未遂を？

志村　そう。最初は睡眠薬を大量に飲んで、次は手首を切ってしまった。そして最後に私のところに来たの。

「あなたは本当に嫌われていたの？」

内田　そのカウンセリングはどこから始めたんですか？

志村　私をあなたの仲間に加えてください、というところから始めたの。そもそもその子自身が「どうしたいのか」がわからないし。
　だからまず、「今あなたの頭の中は、すごく散らかった部屋の中みたくなっちゃっているんだと思う。部屋がそういうときってどう整理する？」と聞いてみたのね。そしたら、「う〜ん……どうかなぁ」と考え出すの。そこで「あなたの現実のお部屋はキレイかもしれないけどちょっと想像してみて」と促すと、「……いいえ、あんまりキレイじゃないです」って。「じゃあどうしたらいい？」とさらに聞くと、「私ならまず分類する」って答えたのよ。
内田　賢い子だね。
志村　うん。そうやって頭の中で「本は本。服は服。ペットボトルやお菓子の空いた袋はこっち」みたいに分類し出したから、「そうするとどうなる？」と聞くと、今度は「片付いてくる」って言うの。そこで「今のあなたの頭の中はそんな感じなの。一緒にちょっとずつでいいから整理しようか。どこからやってみる？」って、そうやって話し合いを始めていったなぁ。
内田　そういうふうに気づかせてあげていくんですね。
志村　本人もだんだん頭の中がこんがらがっていたことがわかってくるのね。３回目のカウンセリングくらいから、ご両親や学校のこと、自分自身のこととかを、分類できるようになってきたの。

たとえば、いちばんつらかったダンスができなかった経験を思い出したときは、「そもそもダンスができなければ女優になれないの？」って話してみたりする。そうすると「そうでもないか」って、自分で気づけるようになっていく。この整理整頓のプロセスがカウンセリングには必要なの。この整理がうまくできてくると、「本当にあなたのことを嫌ってる人は何人いたの？」ということまでわかってくる。

内田 へぇ～！

志村 カウンセリングが終わる頃には、あの日笑ったクラスメイトたちに、悪気がなかったということに気づくんだよね。こういうことに1年くらいかけたのかな。その子は、最終的には学校に戻ったんだよね。

内田 なるほどなぁ。

方法がわかれば、何度でもやり直せる

志村 カウンセリングをしていると、その子のリズムで整理ができていくんだけど、

もちろんまた散らかった状態に戻ってしまうときもある。でもそれは怖がらなくていい。お部屋だって、片付いているときもあれば、汚れるときもあるじゃない？　それは心配ないの。また片付ければいいだけだから。自分なりの〝片付ける方法〟さえ見つかれば、そのときがまたやってきても、あのときはこうやったということが経験としてわかるんだよね。

内田　また戻れるんだ。

志村　うん、方法さえわかればね。その子の場合は、学校より、家族のことで強いプレッシャーを感じていたみたい。不登校の弟のこととか、お母さんが海外に行ってしまうこととか、頭の中でいちばん大きな面積を占めていたのはそれだった。

でも、お母さんの話を聞いていくうちに、実はご自身も御姑《おしゅうとめ》さんとの関係がつらくて、外資系の仕事を選んで海外に逃げ出したということがわかってきた。そうやって全部の要因が細かく分類できたひとつの例だったかな、彼女の場合は。

内田　はあ～……。私もそういうところあるな。頭が疲れているときに部屋を見渡しても、どうジャンル分けすればいいのかがわからなくなって混乱してしまう。よく「片付けられない人」みたいなテーマの記事や本があるけど、やっぱりそういうときは、絶対にお手伝いが必要じゃない？

志村　そうだよね。

内田　できないものはできないんだから。「どうしようっか」って一緒に考えてくれる人がいたらいいんだけど、必ずしも季世恵さんみたいな人がみんなの周りにいるわけじゃないから、どうしたらいいんだろうなぁ……。

〝つながり〟を取り戻すためのセラピー

志村　でも、いらないものってちょっとずつ整理できるはずなの。

内田　明らかにゴミだな、みたいに？

志村　うん。ペットボトルは捨てよう、お菓子の袋は捨てよう、とか。

　それに、捨てると新しい空間ができるじゃない？　その空間だけは、せめて自分の気持ちのいい空間にしよう、テーブルの上にはお花を飾ろう、というふうに考えられるでしょ？　最初から全部が整理できなくてもいいの。

内田　すこ〜しずつでいいんですね。

志村　薄皮一枚のゆとりでいい。頭がキュッて固まっちゃっていると、整理するのが大変になるんだよね。だから私は、その人がリラックスするためにセラピーをするんだよ。前に也哉子ちゃんに言ってもらったことだけど、誘導的で瞑想《めいそう》的なセラピーってすごく気持ちいいの。お母さん……樹木さんも好きだったよね。

内田 心が開いてくるんですよね。いろんなキーワードを与えられて、それによってイマジネーションがどんどん膨らんでいくというか。

志村 温泉に入ったみたいになる。ふわっと心が開くような、気持ちいい時間。

内田 それって……催眠術ではないでしょ？（笑）

志村 そんなことができたらいいね（笑）。もちろんそれはできないんだけど、セラピーってさ、むしろ〝つながり〟を取り戻すためのものなんだよ。

内田 〝つながり〟？

生き延びただけでもすごいこと

志村 たとえばセラピーの前半とかには、自分の呼吸を感じてもらったりするの。呼吸はどこから来たのかといえば、自然界から酸素がつくられているわけだよね。木々の１本１本が光合成をして酸素をつくり、あなたが二酸化炭素をバックして、やりとりをしている。こうして自分は自然とつながっているんだ……、ということが呼吸をしているうちにふとわかったりする。

自分の心臓の音を聞いてもらうこともある。この命はどこから来たのかって聞くと、みんな、お父さんとお母さんからとか言うわけ。じゃあ、それをもっともっとさかのぼっていくと、2人だったお父さんお母さんが、4人のおじいちゃんおばあちゃんになって、さらに8人になって……というように倍、倍、倍になっていく。1300年くらい経つと1兆人くらいになってくるの。

内田 はぁ〜〜。

志村 そのことを忘れていても、知らなかったとしても、私たちの中にはそうやってものすごくたくさんの人たちの遺伝子や情報が入っていて、解決できる力だってそこにあるはずなの。だから、本当はすごいんだよ。生き延びたということは。その力があなたにはあったんだから。生き延びた自分のことを、信じてもいいと思うんだよね。

内田 そうだよね……。そのための知恵が伝わってきたんだものね。

志村 うん。とにかくそうやって、孤独な自分から、少しでも〝つながり〟を取り戻すためにセラピーや誘導的な冥想をしたりするの。もちろん、相手によってアレンジを変えるんだけど、リラックスできたらいよいよカウンセリングに入ろうか……っていう話になるんだよね。

セラピーとカウンセリング

内田　セラピーとカウンセリングっていうのは、違うものなんですか？

志村　私はセラピストなんだけど、セラピーって答えがあるわけではないのね。これはあくまで私が考える〝セラピー〟なんだけど、それは自分で考える時間、冥想的で気持ちのいいイマジネーションの世界をつくってあげることだと思っています。だからセラピーでは、具体的な答えが出てこなくてもよくて、むしろ〝考える力〟がわいてくることが大事。

内田　自然治癒力を高めるためのお手伝い、みたいな？

志村　そう、なのかなぁ……。一方で、私が思う〝カウンセリング〟は頭で考える必要性が出てくるもの。どうやって整理していこうかという、さっきの話みたいな。私の場合、セラピーはその合間の箸休めじゃないけど、リラックスして、心の中で自分が安らぐところに行ってみようとかいう、もう少しベーシックで深いことをやっている感じ。

内田　両方使うんですね。

志村　そうそう。セラピーがうまくいくと気持ちよくなるし、整理も進む。たとえばセラピーの後半で、自分が気持ちよくなるための時間というのをつくるんだよ。「自分をどこか気持ちのいい場所に連れていってあげて」と言うんだけど、みんなそれぞれイメージすることが違うの。

ある子は「清里《きよさと》高原（山梨県）」と言った。昔行ったことがあったんじゃないかな。そこにのんびり横になって、眠って、気持ちのいい風が吹いて、青空が見えて、気持ちのいいお日様が降り注いできて、気持ちいいね……みたいな。そのイメージが自分の細胞や心に入ってきて、だんだんだんだん安らかな気持ちになるように、瞑想していくの。

おもしろいのは、これを2～3回やったあとに、「この気持ちいい空間に、誰か招きたい人はいませんか？」って聞くと、意外と〝苦手だと思う人〟を招き入れたくなるんですよ。

内田　へぇ～！　苦手だった友達とかを呼ぶっていうこと？

志村　うん。それが〝受け入れる〟ということなのかもしれない。がんの末期の人とか、複雑なご家庭の人とかでも、「なんでその人を？」と思ってしまうような人を呼びたくなるときが来るみたいなの。人って受け入れたい生き物なんだと思うし、和解したいという思いが——実際にはできないとしても——心にあるんだな、ということが、セラピーでは起きることがあるんです。

内田　もしかしたら〝セラピー〟って、その人の潜在意識に届くようなやりとりをすることなんじゃないかな。

志村　あっ！　そっか、そうだね。也哉子ちゃんすごい！　私はそこに届くことを願っているんだなぁ。

憎むこと、許すこと

内田　どうしても表層的なところでやり過ごすことが多くなってしまう日常だから、その潜在意識に届いたときにはじめて、本当に自分が欲していることがわき出てきて、「なんだ、自分はそれほどの憎悪を持っていたわけじゃないんだ。仲良くしたかったけど、手がかりがつかめなかっただけなんだ」って、気づく場合があるのかもしれませんね。

志村　かもしれない。あとは、自分自身のことをもっと受け入れようって、自分を抱きしめるような気持ちになることもある。ある中学生の子はセラピーの中で、「私はその子のことを〝許したい〟と思っていたことに気づいた」と言ったの。

内田　……いじめてきた相手を？

志村　そう。「もうそんなことはどうだっていい」って。だから、その子がいじめた相手に直接それを言えるかはわからないけど、その子のイメージの世界では、相手はもう〝お友達〟として存在しているから、「もういい」と思えたんだろうね。こういうふうに傷が拭《ぬぐ》えてしまうことって、意外とあるの。

内田　すごい話だなぁ……。母が前にこんなことを言っていたの。

ある戦争ですごい迫害を受けた民族がいた。彼らがその歴史を振り返ったときに、相手の民族に対して、迫害の歴史は事実としてある。それは忘れない。でも、私たちはあなたたちのやったことを許そうと思う。そうすることによって自分たちははじめて生きられる。ずっとあなたたちに憎しみを持っていることは、自分たちの人生を止めてしまうことなんだ……って、こんなやりとりがあったんだそうです。

志村　うん、うん。

内田　この話を聞いたときに母は、「人間って、そういうふうに戦争で殺し、殺されたというほどの、拭い去れない大きな悲しみがあってもなお、そんな言葉が言える。そういう人間であるのなら、日常の中でも、たとえばいじめに遭ったとしても、その事実は事実として忘れられないし、あったことに変わりはないけれど、それを許したら、許した人が逆に解放されて次に進めるんだろうなぁ。それは至難の業《わざ》だけど」と言ったんですよ。

私も、ずっと不在だった自分の父親に対して、象徴として〝いる〟だけだったり、理不尽なことをされたり言われたりすることにずっと耐えてきた。いつも心の中では、悔しくて憎くて、葛藤していたんです。でも、母の葬儀の何日か前に探し物をしていたとき、父が母に送った、結婚当初の手紙を見つけたんです。その手紙の言葉の端々から、本当にちらっとだけれど、〝喧嘩もするしわだかまりもあるけれども、それを超えたところで本当は愛してる〟という想いを感じられたんですね。

もちろんそんなことですべては水に流せないんだけれども、どこか〝小さな許し〟を自分の中に持てて、初めて心が楽になりました。

志村　許しを、持てたんだね。

内田　その経験を思うと、どんなにその人にとって理不尽なことであったとしても、やっぱり許そうという思いは鍵なのかな、と……。許せないという行き場のない心を解放したときに、いちばん楽になるのは自分なんだと思う。

もちろん、私の経験と生死に関わる問題を同じレベルで比べることはできないけど、いちばん避けたいのは、起きてしまったことをずっと背負って、苦しんで、死んでしまうということ。これでは、悲しみも苦しみも何層にも重なってしまう……。それ以上、蝕《むしば》まれないためにも、やっぱりもう、許していくしかないのかもしれない。どんなに許しがたいことでも。

省吾くんの孤独

志村　今、思い出したんだけど、也哉子ちゃんのお母さんが私の『さよならの先』（講談社文庫）を読んでくださったじゃない？

内田　そうでしたね。

志村　あの本の中に、関川省吾くんという男の子の話が出てくるんだけど、彼は最初すごいいじめに遭っていた。そのあと逆に、自分のクラスで学級崩壊させるくらいのいじめをしちゃうの。

親御さんともすごく関係が悪かった。お父さんもお母さんも、それぞれほかに好きな人ができちゃって、お互い会わないように家に帰ってきていたのね。そのうち夜も帰ってこなくなっちゃって、省吾くんはお兄ちゃんだから、妹と弟と3人で過ごすことが多かったの。まだ小学校の頃だよ？

学校の給食がいちばんのご飯だった。でも省吾くんは、そのうち自分でご飯をつくることを覚えて、ちっちゃなホットプレートでウインナーを焼いたり、目玉焼きをつくったりしていたんだけど……、ユーイング肉腫という重い病気になってしまったの。

内田　…………。

志村　つらく苦しい治療が続く。でも、彼は頼れる人がいなかった。親を嫌い、学校の先生からも嫌われている。自分をいじめた子のことも恨んでいた。近所の人からも〝ふだん親がいないしどういう家庭なんだ〟と思われていたし、ゴミも放置しっぱなしで悪い噂ばかり立つ〝嫌われ家族〟になっていたから、彼は本当に孤独だった。

「許すっていうのは、自由になることなんだね」

志村　ある日、たまたま私が出たラジオを省吾くんが聞いていたようで、「会ってほしい」という連絡が来たの。そうして彼との会話が始まったのだけど、省吾くんは人と関わることで変わっていき、やがて〝許す〟ことを覚えたの。

あるとき、省吾くんはこう言った。「お父さんとお母さん、それから学校の先生と友達を許したい」って。省吾くんの変化は家族を変えた。その後、お母さんが彼に寄り添い、中学1年生のときに亡くなった。命と向き合うと、子どもでもまるで哲学者のようになっていくのね。

彼はこうも言ったの。「季世恵さん、許すということは自由になることだって、僕は知ったよ」「そう思えるほどに、人を憎むということは自分を不自由にしてるんだと思う。体は痛いけど、僕は今がいちばん楽なんだ」って。

私は「そうだね、そうなのね……」としか言えなかった。涙をこらえるだけで精一杯だった。

内田　うん……うん……。

志村　彼は最期に、妹や弟に「人を嫌いにならないでほしいんだ」と言い残して亡くなった。「人は嫌いにならないほうがいいよ」って。最初は人が大っ嫌いだったのに。
さらにこうも言ったの。「僕を自由にしたのは何かっていうと、ひとつには考える力を得たこと。それから、本当に自分のことを好きだと思ってくれる人と出会えたことだ」って。

内田　…………ちょっと、ごめんね。（ハンカチを取り出し涙を拭う）

志村　だから、子どもだって考える力を持っているの。私がすごいんじゃない。その子が安心して考えることができる空間を、誰かが用意してあげて、「ゆっくりやっていこう？」というふうにできたらいいな、と思うだけ。
也哉子ちゃんのお母さんは、省吾くんの話を聞いたとき「子どもはすごい」とおっしゃった。それから、「この子のように病気で死んじゃう子もいるのに、何も自分で死ななくても……。もっともっと命を大切にしてもらいたい」とも。
なんだか、そのときのことを思い出しちゃったな。

内田　……こうやって教えてもらうと本当に些細なことに思えるんだけれども、その些細なことほど人間には難しいですよね。心のありようを変えるということが。だからやっぱり、私も季世恵さんの本を読んでいっぱい気づかされたんだけど、そこから教わったことをずーっと火種として持ち続けて、広めていけたらいいなぁって思う。

志村　そうだよね。人と出会うことって大事。だけど、学校で出会う必要は必ずしもないというか、もちろんあったらいいんだけど、ダメなら違うところでも出会える。あとはやっぱり家族以外の関係性を持つことも大事で、お互い行き詰まったな、煮詰まったなと思ったら、目線を別のところに移す気持ちで少し距離を置き、別の誰かと出会ってみるといい。出会いを恐れないほうがいいと思う。

私の活動でもあるダイアログって[9]、不登校の子もけっこう来るんだけど、見知らぬ人と出会い、暗闇の中で声をかけ合い協力することで、人の温かさを知ることができる。視覚障害者との出会いもあるし、自分とは異なる文化を持つ人がいることもわかる。世の中にはさまざまな人がいるということを、遊びながら感じるのね。半年とか1年をかけてカウンセリングやセラピーをすることもあってもいいんだけど、たった1回、2回の出会いがその子を大きく変えることもある。

内田　本当にそうだよね。

スタート地点は、今の自分を受け入れること

編集部　横からすみません。この〝許す〟という話を別の角度から伺いたいんですけど、これは「いじめた相手を必ず許しなさい」というメッセージではないですよね？

志村　もちろん違います。あれは省吾くんがたどりついた結論なので。

編集部　そういうことですよね。実は、最初に対談した石井さんのいる不登校新聞社が『学校に行きたくない君へ』という本を出しておりまして、まさにその中で作家の辻村深月《みつき》さんが、いじめが原因で不登校になった子と話しているんです。そのときにその子が「今でも思い出すと許せないし、すごく悔しい。私も早く忘れてしまいたい過去なんですが、『許せない』という気持ちを持ったままでいてもいいのでしょうか？」と言ったんですよ。

志村　ああ！　読みました。そうそう、そうですよね。

編集部　興味深いことに、そのとき辻村さんはその子に対して、「許さなくていい」

9　「ダイアログ・イン・ザ・ダーク」は1988年、ドイツの哲学博士アンドレアス・ハイネッケの発案によって生まれた。ダイアログ・ジャパン・ソサエティのホームページによれば、世界41か国以上で開催され、800万人を超える人々が体験したという。参加者は、完全に光を遮断した空間の中へグループを組んで入り、視覚障害者のアテンドにより、さまざまな体験をする。その過程で視覚以外の感覚の可能性と心地よさ、コミュニケーションの大切さ、人の温かさなどを思い出すことになる。

と答えたんです。そしてその〝許せないこと〟を許した辻村さんの言葉に、「心が楽になった」という反響をいただいているんです。

内田　そうか。そういう考えもたしかにありますよね。

志村　本当に、その通りですね。実は私は、「あなたの感情を変えなさい」とは一切言っていないんですよ。こんがらがった頭の中をただ「整理してみよう」と言うだけなんです。

内田　その子の中から出てきたものを大事にするということ？　そう思ってしまう感情をまず認める、みたいな。

志村　そう。だから、「自分が気持ちいいと思える時間を持ってみて」と私がセラピーで言ったときに、クライアントさんが自分の心の中に、「この人を呼んでもいい？」と、その人にとって受け入れ難いはずの人の名前を出すとしますよね。そのとき、周りの私たちは「なんでその人を？」と思うかもしれない。でも本当に大事なことは、その人が〝今の自分〟を受け入れることなんです。〝今の感情〟を否定しなくてもいい。むしろそこからがスタートなんです。

〝許せない〟を考える

内田　なるほどなぁ。興味深いのは、〝許せない〟という感情を持ち続けていいということも、自分を受け入れるひとつの方法となるということですよね？

志村　そう思います。

内田　でも私は……一方でこうも思う。〝許せない〟ってさ、何かにこだわり続けることじゃない？　その執着が別の何かに発展するんだったら、こだわり続けても最終的には大切な時間になると思うんだけど、もしそうじゃなくて、相手がやったことが、心に刻み込まれたタトゥーのようになってしまって、ずっと思い出し続けることに自分の心のキャパシティの大部分を占領されているのだとしたら……それは残念でもったいないと思わない？

志村　そうだねぇ……。

内田　だから辻村さんの言う〝許せない〟と思い続けていてもいいというのは、どういうことなんだろう……。

志村　なんというか、樹から無理して実をもぎとったら青いままだけど、その青い実自体は熟れて落ちるまでは、やっぱりあっていいものではないかしら。

内田　そうか。それは、プロセスのひとつの段階なのかもしれない。

志村　うん。〝許せない自分〟を許すことができない自分というのは、実はいちばん苦しいんだよね。でも、本来それはあってもいい感情なんだよ。

内田　うんうん。

志村　さっきは言わなかったんだけどね、私にもそういう経験がある。じつは、私が学校を休みがちになったひとつの理由として……16歳年上の兄の存在が大きかった。私は高校のときにも一回、気持ち的に学校に行けなかったことがあるの。兄がすごく大きな金銭トラブルを起こしてしまって、それが原因で家が大変なことになったから。私自身の進路も大きく変わった……。私にとっては大好きな兄だったけど、その兄が、私の尊敬する父を苦しめている。

兄は自分の罪を父のせいにして逃げ出したんだけど、父はそれを背負い、その後すぐに病気になった。それで結局は死んでしまうんだけど、亡くなる寸前まで父は兄を許さなかった。見舞う兄の顔を一度も見ることなく死んだ。私は兄のせいで父は死んだと思っていた。今でこそそうではなかったかもしれないと思えるんだけど、当時は本当に大変だった……。

家族すべての人生を狂わせて父を死に至らせた兄の存在は、許せないというよりはもう、どうしていいかわからないものなの。言葉としては〝許せない〟だったのかもしれない。ただただ不幸だった。あのとき私は不幸のどん底にいた。

呪縛から解き放たれた瞬間

志村　そのモヤモヤした気持ちは、17歳から24歳くらいまでずっと続いたの。もちろんそのあいだに結婚もしたし子どももできたし、ハッピーなはずなのに、誰かに「あなたは幸せ?」と聞かれるとつい「いいえ」って答えてしまう自分がいた。どうしてそう言ってしまうのか、自分でもわからなかった。

でも24歳のとき、年末だったかな。大好きな作家さんのサイン会があって並んだの。そのときその作家さんに「今年は幸せでしたか?」って聞かれたんだけど、「そうでもないです」と反射的に言っちゃったのよ。その場では気にならなかったんだけど、帰りの駅に向かう途中で、「なんであんなことを言ったんだろう」と思っちゃったんだな。「私は今変わらないと、『いいえ』と答え続ける人になっちゃう!」って急いで戻ったの。バカみたいだけど(笑)。

内田　やだ〜(笑)。並び直したんだ。

志村　そうなの(笑)。好きな作家さんにそんなことを言って失礼だとも思ったし、ちゃんと宣言したかったから。もちろん、もうサインが書いてあるから、「えっ？」って顔をされたんだけど、ちゃんと言えた。

「覚えてらっしゃらないかもしれませんが、先ほど『今年は幸せでしたか？』と言われたとき、『いいえ』と答えてしまいました。そうじゃないこともいっぱいあったのに、そう言ってしまった自分に自分でびっくりして、戻ってきたんです。私、幸せなこともいっぱいありました」って。

そのときかな。「……あっ、今、許しが出せたんだな、自分に」と思えたのは。

内田　はあ～……。そういうきっかけもあるんですね。

志村　この感覚を言葉にするのはとても難しいことですよね。それが〝許し〟だったのかどうかもわからない。でも、私の中の苦しい〝呪縛〟……？　自分を縛っていたものから、解放された気がするの。

これまで、私の足は前を向いて歩いてるのに、いつも頭や目線は斜め後ろを向いていたんだな……って。そう気づいたときに、「もう全部、前を向こう！」って決められた。そのときに卒業できたんだと思う。

内田　それってものすごい勇気ですよね。「私は幸せじゃない」と、自分で自分を苦しめてきた時期が何年もあったのに、季世恵さんはそのきっかけで気づけた。しかも、それで苦しかったことがすべて消えるわけではないじゃない？　けれども、「このわだかまりを下ろそう、完全に捨てることはできないかもしれないけど、身軽になってこの先の長い人生を豊かに生きたい！」と希望した。その心が大事だったんだろうなぁ。そしてそれは、本来ひとりひとりにある選択肢だし、決断なんだよね。

自分の人生を選び取るために

志村　そうね、私は決めることができた。でもそれは、自分の状況を知ることができたからだとも思う。

カウンセリングで目指すのもそれに近い。「あっ、私は今こんがらがっているんだ」ということがわかると〝気づき〟があるかもしれないから。私の場合はサイン会のとき、自分に対して疑問が持てたから選べたんだけど、自分の現状がわからないと、そもそも何を選べるのかがわからないですしね。

実は私は、さっきの兄から、いじめに近いような言葉の暴力を受けたことがあったので、つらい時期が長かったの。存在を否定された時期もあった。「お前は生まれてこなかったらよかった子だったんだ」って聞かされることも多かったから。

内田　存在の否定かぁ……。

志村　存在の否定と、兄が起こした事件と、それでも兄のことは大好きだという……三つ巴の複雑な感情がずっとあったの。それが24歳のときに〝もういいや〟という感覚になれたんだよね。

内田　その感覚って本当になんなんだろう……。じゃあそのあとは、その複雑な感情に苛《さいな》まれるということはなかったんですか？

志村　実際にまだ兄は生きているし、いろいろ問題はあるんだけど。でも、もう、今の私は……。

内田　あのときの〝どん底〟ではない？

志村　そう。過去を向いてはいない。だから…………うん、吹っ切れたんだなぁ。

〝底〟があるから安心できる

内田　『不登校新聞』の石井さんが、不登校で何か月も何年もひきこもっている人がいるというときに、それを周りで見ている家族も、本人も、耐えられたもんじゃない、と言っていました。でも石井さんいわく、ご自身も含めてだけど、その人のペースでそれぞれに〝底つき〟の瞬間が訪れるんですって。

志村　うん、あるよね。

内田　その経験をせずに、ヘタに周りが暗闇から引っ張り出そうとすると、もっとこじれちゃうみたい。だから、むしろ周りの人は、もちろん心配なんだけれども、本人が自分で〝底〟をつくまではほうっておいてあげてほしい、それを待てるゆとりを持つことが大事、ということをおっしゃっていた。

もしかしたら季世恵さんの場合もそうだったのかな？

志村　私は、ずーっと〝底〟を歩いていたんだよ。暮らしのすべてが変わってしまった。父は亡くなり、まだ若い母を支え、自分の子どもも生まれたばかりで、その子も生きるか死ぬかみたいな状態で、もう八方塞がりだった。どうやって生きていったらいいんだろうと思ってた。本当に孤独に苛まれてた。

内田　もう、すべての不幸を背負ったくらいの感じよね……。

志村　そんな気持ちでいたんだろうね。本当はそうじゃないのに。だけどそこから、今自分のいる状況を、ほかの目からも見られるようになった。

私はよく言うの。「底があれば安心だよ」「足が底についているんだから」って。だから私も……前の夫が亡くなったり、これまで本当にいろんな苦しいことがあったけど、「底をついたときの、あの足裏の感覚があるから大丈夫」と思えるの。

内田　落ちたら落ちたで、底がちゃんとあるということを覚えているから、怖くないんですね。感覚的な自信というか。

志村　そうだね。不安はもちろんあるのだけれど、なんて表現していいのかやっぱりわからないけれど、でもそれは本当に〝底つき〟なんだろうな。なので私も不登校のお母さんたちには、〝発酵〟させるというのは〝見守る〟とイコールの言葉なんですよって言う。「底にいながら発酵してるんです」って。「やがてまた蓋が開けられるときがくるだろうから、それまではそっと待っていましょう」って。表現方法が違うだけで似ているんだと思う。

どん底でも、やがてはハッて気づくときがくるはずだから、ひきこもっている本人にも――もちろん人やタイミングによるんだけど――これ以上自分を苦しめなくていいし、お友達を許すとか許さないとかは考えなくていいから、今は静かに休んでいようと、言ってあげたいなぁ。

具体的じゃない言葉がけ

内田　今の親がどう向き合うかという話と、先ほどの出会うことが大事だという話があったじゃない？　とはいえ現実的には、ひきこもってしまうと、出会えるチャンスも範囲も限られてしまう。特に、家にいるのがお母さんと子どもだけだったりすると、チョイスの幅が狭まってくるし、親も追い込まれちゃうと思うんです。

志村　そうだねぇ……。でも、子どもがひきこもっちゃったとしても、「今日は空が青い」とか「星がキレイだ」とかは感じられるよね。

内田　う〜ん……。それを感じられるゆとりさえなくなってしまうこともあると思う。

志村　私は単純に、たとえばお母さんが、「今日、満月だったんだぁ」とか言うだけでもいいと思うよ。

内田　そのひと言かぁ。子どもがうっかり外を覗いてみるかもしれないし？

志村　まあ、「今日は皆既月食だって。見えるかなぁ」とか言っても、子どもはだいたい「見えねーよ」とか言うんだけどね（笑）。

内田　あははは（笑）。

志村　そういう反応がきても、「ほんと？　ちょっと窓を開けてみようかなぁ」とか言ってみる。開けてみて見えなくても、「月があそこにあるだろうなぁ」とは思えるよね。そんなひと言でいいし、窓を開けることだけはできるから、ぜひやってみてくださいと言うなぁ。

とにかく、「学校に行くか、行かないか」みたいな具体的ではない話をちょっとだけする。そうすることで、まずお母さんが感じる力を取り戻せるから。だって、親もつらいから、もう感じる力がなくなっちゃうんだよ。

内田 そっか。自然って常にあるものだから、それを頼りにするというのは、実際に気持ちがいいし、ひとつの手掛かりになるのかもしれない。

志村 そうそう。

自分のための30秒をつくること

志村 そもそも不登校のお母さんたちって、窓のカーテンを開けて今日が始まるというときに、「あ〜あ、また始まっちゃった。うちの子との向き合い方を考えなくちゃ……」とか思っちゃったりするの。寝ても覚めても。

だから私は言うの。「そのことを考える前に、今日、窓を開けたら、自分のために30秒でいいので、『いい天気だなぁ、空が気持ちいいなぁ』と思ってもらっていいですか？　その時間を自分にプレゼントしてください」って。

内田　あえてそれをやるんだ。最初は無理くりかもしれないけど、そうやって自分を仕向けていくというか。

志村　うん。「あ〜あ」と思う前のほんの30秒を、自分が感じるための時間にして、大切にしましょうって。五感を再生させるイメージなのかな。不登校の子と向き合っているお母さんって、五感のすべてを閉ざして、わが子のことだけを考えるみたいな状況になってしまいがちだから。

内田　なるなるなる！　子どものことだとなっちゃうんですよ〜（笑）。

志村　だからカーテンを開けただけで「あ〜あ」ってなっちゃうの。そうなるともう、毎日〝戦争〟が始まっちゃうんだよね。

そうじゃなくて、30秒でいいから〝私の時間〟をつくってほしい。カーテンを開けたら、まず〝私〟のために深呼吸する、〝私〟に気持ちのいい空をプレゼントするの。これはお子さんじゃなくて、親である〝あなた〟に対する処方なんですよ。

だって、まずお母さんが感じる力を取り戻さないと、子どもに「今日は空が青かったんだよ」なんて言えないから。

まず、親が救われる必要がある

内田　……そっかぁ。『不登校新聞』の石井さんも不登校経験者なんだけど、ある作家さんの話を紹介してくれました。その方もやっぱり親に対して、「窓を開けてくれるな」と思っていたんですって。それで、石井さんいわく、閉めきった部屋の暗闇はひきこもっている自分の心の具現化なんだそうです。

志村　自分を守っているんだよね。

内田　暗い部屋が自分の唯一安全な場所。なのに親ってずけずけと入って開けたくなるから、「それがいちばんまずいんです」と言っていたの。だから本当に、いつのタイミングで開ければいいんだろうって……………。難しい。

志村　そんなの考えなくていいんですよ。自分で開けるんだから。

内田　自分で開ける？

志村　私は、親には開けさせない。

内田　じゃあやっぱり、子どもには「空が青いよ。自分でも開けてみたら？」みたいな感じで言えばいいのかな。

志村　言いもしない。「今日、満月だったんだぁ」と、まず親自身が感じられるようになることが大事なの。「十五夜だから、おだんごを月にお供えしよう」とか、もうなんでもいい。これってもはや、子どもに向けたセリフでもないのよ。その言葉は、自分自身に向けているものなの。

内田　ああ、そうか！　自分が本当に感じたことでなければ伝わらないというのは、そういうことか。

志村　そうそう。だからいいの。子どもが深海にいるときは深海にいさせて。お母さんがその世界に入らざるを得ない状況があるとすれば、ご飯を持っていくとか、それくらいじゃないかな。

もちろん、不登校と一口に言っても段階があって、深海に入る手前くらい、つまり学校に行きたくないと思っている段階の人も当然いる。その場合は部屋から出られない人とアプローチも変わってくるんだけど、じゃあどんな会話をしようっていうときに、「なんで学校行かないの?」「行きたくないの?」とか、そういう会話はしないこと、そしてまず親が感じる力を取り戻すということは、やっぱり大事だと思う。

内田　そういうことなんですね。ああ、今、自分の中で、石井さんの話と季世恵さんのお話がすっとつながりました。

ひきこもりは自分を守り、癒すための時間

志村　私はよく親御さんにこう言うの。「天照大神《あまてらすおおみかみ》でさえ、ひきこもったんですよ？」って。天岩戸《あまのいわと》って、まさに深海のような暗い世界をイメージしない？　神様の世界だから何年間ひきこもったのかは知らないけど、「天照大神がひきこもったんだから、人間だってひきこもることとありますよ」って。

じゃあ天照大神がどうやって外に出てきたかといえば、天岩戸の周りで楽しくお祭りをしたんですよね。だからやっぱり、親にも楽しむ時間が必要なんですよ。古事記にも書いてあるんだから、無理やり開こうとしなくていいの。神様だってそうなんだから、それでいいんだよ、って。

人ってつらいからひきこもるんだけど、それは自分で自分をなんとかしようと、最大限に癒すためなんだよね。学校に行かなかったり、休んだり、部屋を暗くして自分の世界をつくることで、自分を守っているの。

内田　それはそれで大事なひとときなんですね。子どもたちの持つ自然治癒の力を促すためにも、そうやってお母さんなりお父さんなりが自分で素敵な時間を持てるようになるというのが大事なんだ。まあ、親は子どものことがどうしても気になっちゃう

から、難しいことではあるけれども、それが親としてできることなのかもしれない。

志村　うん、基本はそうなんだよね。だって、硬くなった心に、硬くなった心がぶつかり合ったら、お互い壊れちゃうだけだから。

内田　たしかに……。

志村　どちらかはふかふかなほうがいいに決まっている。ふかふかにまではならないかもしれないけど、「同じくらいに硬くはならないでください」と親御さんには言います。クッションがあったほうが受け止められるから。子どもの心と同じ状態にはならないことです。お子さんのほうが先にほぐれはしないだろうから、まずは親御さんが少しずつほぐしていきましょう、ってね。

内田　本当にそうだなぁ……。今日はすごい素敵なお話を聞かせていただいている。

志村　いえいえ！　とりとめもなく話しちゃってごめん。まとめるのが大変だね（笑）。

なぜSOSを出せないのか

内田　今日は不登校を軸にしながらお話をしてきましたけど、最後に、今こうして暮らしている私たちの社会に対して季世恵さんが思うことはありますか？

というのも、日本ならではの良さはもちろんあるんだけれども、ルールや秩序を守る社会の中では、どうしてもみんなが同じ流れに沿っていくという方向に行きやすいですよね。〝みんなと違っている自分〟や〝はみ出している自分〟を受け入れられないことは多々ある。親も、思い描いた方向性やレールに乗っていないわが子をなんとなく恥じてしまう傾向がある。そしてその傾向が心の問題になったとき、余計に悪いほうに転んでいる気がします。

志村　社会に対してのお話の前に、うちの子どもはね、私に向かって「死にたい」と言ったことがあるの。

内田　それは子どもの頃?

志村　けっこう大きくなってから。お母さんには絶対に言っちゃいけないと思っていたって。わが子のそんな大きな苦しみに気づかない母親だったのかと自分を責めつつ、理由を尋ねたら、「お母さんが大好きだから。そんなこと言ったらお母さん苦しいよね」って。

内田　そっか。お母さんを苦しめたくなかったんだね……。

志村　死にたいくらいに自分の心が苦しかったとしても、そのことを言えず、SOSも出せなかった。子どもって、親にいちばん心配をかけたくないんだよね。思いつめる前に、「死にたいくらい苦しい！」って言えたらいいのだけれど、とはいえ私も当時は心のどこかで、普通に学校に行き、青春を謳歌《おうか》してほしいと願ってた。それが子どもに伝わっていたのね。

〝こうじゃなきゃいけない〟という思い込みは親にも子にもある。そして社会にもあるように思う。それに子どもにだってプライドがある。〝カッコ悪い自分は見せられない〟と思ったりもしている。

内田　そもそもその〝カッコ良い〟とか〝カッコ悪い〟の定義が狭いのかもしれないですね。人生って、優等生であることとや勉強ができること以外にも――勉強ももちろん大事だけど――何方向にも豊かになれることがあるのにな……。そういう自由自在な空気が満ちた、風通しのいい社会になるといいのですが。

私たちはみんな〝不登校〟？

志村　私は、大人が改めたほうがいいと思うところがふたつあると思っているの。それは〝ちゃんとしなければいけない〟というところと、〝恥をかいてはいけない〟というところ。

内田　〝ちゃんと〟というのは、ルールや規則に則っているという意味での？　たとえば〝はみ出ちゃいけない〟みたいな。

志村　そう。お野菜じゃないけど、「規格外はダメですよ」「規格通り、ちゃんと箱の中に入っていてね」という感じ。私が子どもだった頃はね、先生がうちに遊びに来て、親と麻雀したりしていたの。

内田　ええっ！　そんな先生がいたんだ（笑）。

志村　それがいいかどうかは別として、それが許された時代だったの（笑）。その先生は欠席が続く子の家にも行って授業の遅れを取り戻したりもしてた。時代は変化するものだけれど、長男の頃までは週末に、「先生と子どもたちで一緒に遊びに行く」というのはあったよ。

内田　時代的なものや地域性もあったんだろうけど。

志村　そうね。でも今は子どもの家に行ったり、過剰な関わりは控えるようになっているみたい。

内田　そもそも先生たちに、そんな時間のゆとりもないでしょうしね。

志村　先生って本当に忙しいの。それに誰かが誰かを見張っているような、そういう〝監視の目〟みたいなものが強いのかもしれないね。先生に対するクレームも以前よりぐんと増えている。それは学校だけではないよね。何かを許容し、受け入れるのではない、非寛容な風潮が社会全体で高まっている。たとえばだけれど、たまに、公共の乗り物やエレベーターの中に〝静かにしましょう〟みたいなシールがあるでしょう?

内田 たしかに貼ってあるね(笑)。

志村 外国で見たことないの。拡大解釈だけれど、そういうのがあると、自分以外の誰かに関わることもしにくいように感じて。

内田 そういう〝暗黙の目〟のようなものを重視しているのかな。あるいは、誰かがクレームを出したことに対して「はい、受理しましたよ」「シールにして貼りましたよ」って、正当化するためだけにやっているのかもしれない。

志村 私もそうだけれど、多くの人はきっと苦情やクレームに弱いんだろうね。ちゃんとしなきゃいけないし、恥をかいてもいけないという意識があるから。

だから、ほとんどの人が本当はもう……心の中ではある意味〝不登校〟を起こしているんじゃないかな。大人だってつらいんじゃないかな。だからこそ、子どもはもっと敏感にそのつらさを感じているんじゃないかな。

〝違ってもいい〟〝外れてもいい〟というのは、まず大人たちがそういう意識になっていかないとね。

内田　そうですよね、でないと子どもたちがあとに続けないから。

受け継がれたバトン

志村　あのね、以前、日本の子どもが世界でいちばん孤独を感じているっていうデータが発表されたことがあったの。ユニセフの調査[10]の中で。

内田　ええ！　そうなんですか？

志村　そう、とても残念な1位。孤独感って苦しいよね。自分の気持ちを表に出せないし、人のことも受け入れられていないということだもの。しかもこのデータって、不登校の子だけじゃなくて、学校に行ってる子でもそう感じているってことなの。

内田　知らなかった……。

志村　それに、自殺率も高いよね。中高生の死因の第1位は自殺だから。

内田　病気じゃなくて、自殺がいちばんなんだ……。

志村　だからさ、「学校に行く」「行かない」ということだけが問題なんじゃなくて、もっと大きな問題がこの社会にはあるの。学校に行っているから〝正常〟とは、もう言えない時代なんだと思う。

内田　本当にそうだ。はぁ〜…………。

志村　最後に大きな話になっちゃったね。でもね、だからこそ今は、不登校に限らず、ひとつの問題をどういう角度から見ていくのか、ということを考え直すチャンスなんだと思う。そのチャンスのドアを今、也哉子ちゃんは開けたのではないかな。

そして、こういう問題をなんとかしなきゃいけないって考えるのは——子どもがいようがいまいが関係なくて——大人の責任なんだと思う。社会の問題だもの。現実を知って、受け入れて、何をしたらいいのかを考えなければいけないね。

私も……樹木さんが病室でおっしゃっていたのを聞いたの。「死なないで」って。樹木さんの声、届いてほしいと思う。同じように心を痛めている方の声が届いて、より多くの方にそのバトンが受け継がれたらと願う。たとえば樹木希林さんのファンの方々がそう感じてくださるだけでも、すごい人数になるかもしれないと思うの。

10　国連児童基金（ユニセフ）が２００７年に公表した〝An overview of child well-being in rich countries〟を参照。経済協力開発機構（ＯＥＣＤ）加盟25か国を対象とする15歳の意識調査において日本の子どもが29・8％で最も多く「孤独を感じる（I feel lonely）」と答えたという結果が明らかになった。残念ながら継続的な調査はなされていない。

内田　そうか。それがどれほどかはわからないけど、わずかでも足しになれたら。

志村　私も樹木さんの言葉や也哉子ちゃんが考えたことを受け取って、「ああ、そうなんだ」ではなく「何ができるかな?」って考えたい。そしてこの本をお読みになる方にも考えていただけたら本当に嬉しいです。

内田　その〝問いかけ〟がきっと、はじめの一歩なんですね。

志村　〝今はこういう問題があるけど、ここから一歩進もう〟という気持ちが持てれば、そこから始まるものね。

内田　そうですね。さっき季世恵さんが言った私たちのよくないところっていうのは、きっと表裏一体なものだから。類を見ない素晴らしい面を失くさないまま、もっと多様性を受け入れていけたらいいですね。

志村　その通りだと思います。

内田　季世恵さん、今日は本当にありがとう。

志村　こちらこそ、今日はありがとう。話せて楽しかったよ。

志村季世恵　しむら・きよえ

1962年生まれ。バースセラピスト。ダイアローグ・ジャパン・ソサエティ代表理事。1990年「癒しの森」を故・志村紘章と共に立ち上げ、カウンセリングを担当。クライアントの数は延べ4万人を超える。2007年「癒しの森」を閉院。現在は「ダイアログ・イン・ザ・ダーク」「ダイアログ・イン・サイレンス」の運営に力を注ぐ傍ら、フリーでカウンセリングや、末期がんを患う人へのターミナル・ケアを行う。「こども環境会議」代表。著書に『いのちのバトン』『さよならの先』（共に講談社文庫）など。

対話4

ロバート キャンベルさん

（日本文学研究者）

その指を、なんのために使うのか

志村さんとの対話が終わり、まさにその原稿をまとめているときに、内田也哉子さんの父・内田裕也さんの訃報が舞い込んできました。2019年3月17日、79歳での旅立ちでした。最後の対話はロバートキャンベルさんと行われることになっていましたが、突然の知らせを前に、果たして予定通り実施していいものか、悩ましい日々が続きました。しかし4月17日、内田さんから一通のメールが——。

「父の逝去に際し、温かいお言葉の数々をいただき、とても励まされました。すっかりご無沙汰してしまって申し訳ありません。キャンベルさんとお話しすることについてご相談させてください」

そうして4月25日、麴町《こうじまち》にあるポプラ社のオフィス（2018年10月1日に四谷三丁目から移転）に颯爽《さっそう》と現れた内田さんは、初対面となるキャンベルさんと丁寧な握手を交わしました。

「今日は色で服を選んだんですよ」とキャンベルさん。

「私の服も黄色ですが、内田さんの服も黄色の模様ですね。一緒ですね」

偶然の一致に微笑むおふたりを前に、場がなごみます。

ここまでは、不登校の当事者・経験者やその支援者を中心にお話を伺ってきましたが、最後は少し異なる角度からお話を聞きたいですね、と内田さんは事前に話されていました。

不登校をめぐっては、「無理してまで学校になんて行かなくていい」ということがしばしば言われます。一方で、「学校に行かないと〝ちゃんとしたオトナ〟になれない」ということも、いわゆる〝世間の常識〟として語られています。

しかし、もし学校に行かなくていいのなら、なぜ学校はあるのでしょうか。あるいは、学校に行かないと、本当に〝ちゃんとしたオトナ〟にはなれないのでしょうか。

そもそも、日本の公教育には悪い点しかないのでしょうか。良い点はないのでしょうか。悪いところがあるのなら、どうしたらそれを改善していけるのでしょうか。

キャンベルさんには、一歩引いた視点からそんなことを伺うつもりでいました。

しかし、おふたりの対話は予期せぬ結末に向かって進んでいきました。

キャンベルさんは何を語ったのか、内田さんは何を受け取ったのか。

最後の対話が始まります。

これまでとは違った角度から

キャンベル　私は声に感応する人でして、つまり、いちばんわかりやすい言葉で言うと〝フェチ〟だから、内田さんの声はお若いときからすごく好きなんです。

内田　ほんとですか⁉　こもった声で変わってるってよく言われるんですけど（笑）。

キャンベル　お母様の声ももちろん大好きですけど、内田さんがご自身の言葉を折々語る映像とかラジオとかを聴いていて、声が本当に大好きなんです。いきなりすみません（笑）。

内田　いえいえ、バンドをやったこともあるんですけど（笑）。ありがとうございます。

キャンベル　この書籍の企画書はもちろん拝見しているんですけど、今は何合目くらいまで登ったところでしょうか？

内田　今日が最後です。

キャンベル　ん〜、しんがりですね。

内田　お話しするたびに濃い対談になっていくから、編集担当から「もうこれ以上は……」って、ストップをかけられちゃったんです（笑）。

キャンベル　止め肴《ざかな》ですね、和食でいうところの。

内田　そうです、まさに（笑）。最初はキャンベルさんも取材を受けられていた『不登校新聞』[11]の石井さんと東京シューレで対談をしました。そのあと、実際に最近まで不登校をされていたという、私の息子と同い年くらいの女性と対談をしました。もうひとりは、4人いるお子さんのうちのひとりが不登校をされたり、不登校のお子さんやその親御さんのカウンセリングもしたりしている、バースセラピストの志村さん。

そして最後に、あらゆる教育機関で学ばれ、教えられ、研究されてきた、それこそ世界中の教育の現場をご存じであろうキャンベルさんにお話を伺ってみたかったんです。これまではどちらかというと、当事者や現場に携わってきた方々でしたから、みなさん〝闇〟を知っているし、学校に行かないと言ったときの選択肢が〝死〟しかないというときに、「だったら、行かなくてもいいんじゃない？」というような、わりと寛容な話になってきたんです。

キャンベル　そこに行き着いた人たちというか、這い上がってそこにいられる方々ですね。

11　『不登校新聞』467号（2017年10月1日）に掲載。

内田　それはそれでいちばん聞きたいところではあったんですけれども、最後は逆に、じゃあなんで社会は「学校へ行ったほうがいいよ」「行かなきゃダメだよ」と言うのか、そして現代において学校はどういう役割を担わなければいけないのか、みたいなことを、これまでとは違った角度から聞いてみたかったんです。

もちろん、キャンベルさん自身が寛容なお考えをお持ちでいらっしゃるというのはわかっているんですけれども、この社会の中で、学校をめぐってこういう現実があるだとか、キャンベルさんが個人的に今思っていることを伺いたいと思っています。

キャンベル　今、フレームがはっきり見えました。ただの止め肴、しんがりではないということですね（笑）。

内田　はい、キャンベルさんにお聞きしたいことだったんです。

東大の壁

キャンベル　今、内田さんにおっしゃっていただきましたが、たしかに私は世界の高等教育機関で学び、教えることをしてきました。大学院の途中で九州大学に留学し、そこで職を得て、そのまま三十数年経過し、今は東京大学の名誉教授、国文学研究資料館の館長として勤めています。戦前からある東大や旧七帝大と言われるような、この国の産業や科学や政治のリーダーを排出する教育機関で学び、働き、二世代か三世代くらい下の若者の教育に携わってきました。

　そう言ったときにまず確認しておきたいのは、これは日本だけでなくイギリスでもドイツでもアメリカでもそうなのですが、そういう非常に厳しい選抜をくぐり抜けてそこに入ってきた人たちは、その年齢では〝エリート意識〟というのがほとんどないと思うんです。

内田　ないんですか？

キャンベル　はい。ただ、そこに立ち得た環境というのは当然のことではない。最近、医学系の私立大学での女性差別が報じられましたけど、国立大学は試験でしか入ることができない世界なので、基本的にはフェアだということが言われているんです。一方で今年、社会学者の上野千鶴子さんが、東大の入学式の来賓祝辞を述べました。[12] そこで彼女は、「君たちはここにいることを当然だと思ってはいけない」ということを話したんです。

内田　はい、ニュースになっていましたね。

キャンベル　「これのどこが祝辞なの？」なんて言われていましたが（笑）、彼女の言う通りだと思います。彼女は統計を駆使して、どういう条件がそろって初めてそこに立てるのかということを語ったのです。つまり公教育の中で、高校1年生くらいまでに、高校で学ぶすべての工程を履修し終えないと、東大には入れない。

内田　ええ、それこそ義務教育を修了しないと入れないですよね。

キャンベル　2~3年ぐらいかけて、塾であったり予備校だったり、ほとんどすべてのエネルギーが彼らに注がれるわけです。そのエネルギーというのは、お金であったり、私たちが〝社会資本〟と呼ぶような家族や地域のさまざまな支えであったりしますが、非常に優良な環境の中から育成されてきたのです。だからこそ、逆説的ではありますが、東大の学生が一学年に三千数百人いる中で、女性は2割しかいないということになるんです。

内田　はー!

キャンベル　〝2割の壁〟と昔から言われています。今年は19%くらいと、少し減っているんですけどね。なぜそうなるかというと、ひとつに、東大は全国から学生が集まる場所ですから、娘は身近なところに置いておきたいという親心、つまり息子は遠くへ、娘は近くへ、というようなことが今もあるんです。私が初めて日本に来た30年前の九州大学も才媛ぞろいでした。旧七帝大のエリートしか入りにくい大学なんですけど、九州一円の学生が集まるので、近くて国立で授業料がそれほど高くないということで、競争的な環境の中で優れた女性が集まっていたんです。

内田　女性が育つ土壌があったんですね。

キャンベル　でも、東大は全国から集まってくるので最初から自粛するといいますか、環境として〝見えない傾斜〟があるんですよね。[13]だから2割を超えない。その2割をなぜ超えないのか、ということは考えないといけないですね。

環境による見えない選抜

内田　それは最近もなんですか？

キャンベル　一度も超えたことがありません。もうひとつの要因は、上野さんはおっ

12　「平成31年度東京大学学部入学式　祝辞」（2019年4月12日）のこと。東京大学のホームページで全文公開されており、〝2割の壁〟についても触れられている。

13　「学生生活実態調査（2017年）」（東京大学）によると、東大生の実家の所在地の4割は関東以外。女子学生全体で見ると、東京都出身が32・2％を占めており、東京都出身の男子学生が男子全体に占める割合28・4％よりも高い比率にある。

しゃっていなかったんですけれども、東大生の家庭の平均的な所得が日本人の平均と比べてはるかに高いこと。[14] 国立の大学なので、国民にはもちろん、海外にも門戸を広げているのですが、実際に見ると上澄みの人たちが多いんです。だから私立と実質的に変わらない。これは世界の中でもめずらしい。私は州立のカリフォルニア大学バークレー校だったんですけど、本当に親孝行したと思うんですね（笑）。

内田　やっぱり安いんですか？

キャンベル　安いです。

内田　タックスペイヤー（納税者）だったから？

キャンベル　そう、タックスペイヤー！　ほかの州から来た人たちはすごく高い授業料を払っていたらしいんですけど、私はそこに本籍があったので安くすみました。塾も予備校も行かなかったので。でも、日本のいわゆるエリート学校だとそうはいかないし、むしろ難しい。家庭や家庭を支える環境によって強く規定される現実がある。

　何を言いたいかというと、東大に入るとみんな割と自然体なんですよ。外からはガツガツ勉強してるように見えるんですけど、それが当たり前で育った子たちなんです。だからまず、私がそういう環境で教育に携わってきたということを押さえておいてください。

大学には〝逃げ道〟がある

キャンベル　私は教養学部にいたのですが、4月になると新入生が入ってくるんですね。ゴールデンウィークまでは、ほとんど高校生あるいは予備校生と変わらない。油紙のようになんでも吸い取ってくれるんですけど、そこを越えるとくちばしの色が変わる――と私たちは言っているんですけど、気分が落ち込んで出てこなくなる学生たちが出てきます。

大学に入ってから学ぶことは、彼ら彼女らがずっと褒められ、承認されてやってきたお勉強とは違う。自分で問いを見つけるとか、その問いをどういう手法で解決する

14　「平成29年　国民生活基礎調査の概況」（厚生労働省）によると、2016年の1世帯当たり平均所得金額（「全世帯」）は560万2000円、中央値（所得を低いものから高いものへと順に並べて2等分したときの境界値）は442万円であり、平均所得金額以下の割合は61・5％だった。また、「平成28年度学生生活調査結果」（日本学生支援機構）によると、大学（昼間部）における家庭の年間平均収入額は830万円。東京大学が公表する「学生生活実態調査（2017年）」によると家庭の平均年収額は918万円で（ただしこの問いへの回答者は69・1％）、およそ半数が750万円以上だった。

のかを考えなければならない。そんな学問の世界で取り残されるんじゃないかという不安と向き合うことになるんです。

内田　それまでまっしぐらに進んできた子ほど、不安にぶつかるのでしょうね。

キャンベル　まさに。だから、入学して間もない頃は、名門校出身の子たちが駒場《こまば》の門の前でなんとも言えないお団子みたいな集団をつくっているんです。同じ出身校同士でLINEグループをつくるんですよ。

内田　それが拠りどころになっているんですね。

キャンベル　一方で、私のようにまぐれで入っちゃった人ですとか、自分が今立っている場所や現実を冷静に見すえて、存在の根っこのところまで感じられるような感受性の強い人ほど、そこに同調するのが難しい。要するに、それぞれに不安を抱えているんです。

　とはいえ、一応みんな〝オトナ〟です。中学生や高校生がさまざまな問題でつまずいたときに、彼ら彼女らに与えられた選択肢と比べたら、大学生のほうがはるかに〝逃げ道〟があります。

内田　ああ、たしかにそうですよね。

キャンベル　ですから、先ほど優しい言葉をいただきましたけれども、ある意味で私は、18歳くらいから安定した踊り場で生活をしてきたんです。『不登校新聞』の石井さんの場合は、公教育の途中から学校に行かなくなったけど、パソコンや趣味の写真、あるいはフリースクールを介することで大切な関係をつくれたわけですよね。でも大学って、そういういろんなことがそもそもできる環境なんです。私はそういう恵まれた人たちと一緒にいるので、今日のお話に応えられるかどうかは少し不安があります。

内田 なるほど。

キャンベル とはいえこれまでに、高等教育という生存競争の厳しい環境にずっとひたってきた人たちの話を聞くこともありましたし、大学以外の場でも活動はしているので、そういうところからお話ができるといいなとも思っています。

内田 ありがとうございます。改めてよろしくお願いします。

文学とカウンセリング

内田 先ほどのゴールデンウィークの話ですが、立ち止まってしまった学生たちには、どういう〝逃げ道〟があるのでしょうか。

キャンベル ひとりひとり違うんですけど、大学として言うならカウンセリングがあります。たとえば、大学1年生からでもハラスメントがあり得るわけです。特に2年生の冬学期から専門課程に入る、あるいは大学院に入るとなると、それがこれからのキャリアと密接に関わってくるので、アカデミックハラスメントだったりセクシャルハラスメントだったりモラルハラスメントだったり、いろんなことが起こり得るわけです。なので、大学がそれをしていないよね、ということをチェックしなければなりません。もちろん、身体的・精神的な障害のある学生もいますから、ひとりひとり対応していくことが必要だし、把握しないといけません。学生がカウンセリングに来るハードルはできるだけ低くするようにしています。

内田　それは器の大きな環境ですね。

キャンベル　実は最近、私が教育に携わった元学生が東大の相談センターのひとつに就職したんですよ。日本文学と美術が専門の教員なんですけど。その人は優秀ですごくよく人の話を聞けるんです。まあ、私は文学が人の進退に直結するとは思っていないのですが。

内田　あ、思わないんですか?

キャンベル　文学だから人にいいということはないですし、逆の場合もあると思うから。ただ、自分と直結しない時代やストーリーの中で生活をしている研究者、つまり我々は、実際に目の前に困った人がいるとき、もうひとつの〝現実じゃない場所〟を提供できるんです。音楽でもアートでもそうだと思うんですけれども、その人の損得や背景から離れた、でもすごく感情移入できるような素材をたくさん持っているんですね。

直接話法ではぶつけることができないような、自分でも気づいていない感情や、人に話したことがないようなことを、100年前とか50年前の小説の人物であったりストーリーに重ねたり、誰かと一緒に読んだりすることによって、共振できる。話を聞くことができる。そういうことがあるんです。だから、文学の専門家がカウンセリングの場に採用されたということは、ひとつにはやっぱり、言葉を丁寧に聞き返すことができる能力があるということと、もうひとつは、避難場所としてのストーリーをたくさん持っているということがあるんじゃないかなと思うんですよね。

内田　ああ、それはとても豊かなことですね。

〝ハッチ〟としての物語

キャンベル　3・11のあとに、実はこんなことがあったんです。私の友人が宮城県の鳴子《なるこ》温泉で古い旅館をやっているんですけれども、そこが二次避難所になったんですね。内陸なので、１２００人くらいの被災者が沿岸部から来たのですが、温泉郷にある宿のすべてが避難所になったんです。

内田　それは画期的ですね。

キャンベル　仮設住宅がその年の8月にできるまで、高齢の親を持っている方とか、小さい子どもとかが中心になって分宿しました。友人とは最初から連絡もついていたので、何かをしようという話になり、「鳴子ホットスプリング読書倶楽部」というものを立ち上げたんです。

内田　え〜、素敵なネーミング！

キャンベル　月に2回足を運び、毎回読み切りの短編小説を読むんです。あの状況では老眼鏡も何もないし、みんな着の身着のままだったけど、やっぱり読書をすることによって自分のリズムを取り戻せるということがあるわけです。

そのためにも、事前にいろいろな避難所を回って、どういうものが読めて、どういうものが読めないのかということもリサーチしました。それで文字が大きいことが大事だとか、推理小説のような緻密なものは読めないとか、ゆったりした〝余白〟のあるストーリーだと反応があるみたいなことが、短期間でわかったんです。

それをもとに東京でどんな作品がいいか調べていたら、ポプラ社がちょうど『百年文庫』というシリーズを出版していました。1冊に3〜4つの短編小説が入っていて、それが全100巻。箱に入った立派なものでした。これを買い取って配ろうと思ったんですが、書店だと簡単に手配できないし時間もかかるだろうから、直接電話をしたんです。そしたら「来てください」と言われて、前の社屋に行ったら社長が現れて、ものの5分で「寄付しましょう」と言ってくれたんですよ。

内田　そんなご縁があったんですね！

キャンベル　だから今回、ポプラ社からのお話だと聞いてすごく嬉しかった。まあ、それはそうとして、1回目は幸田文《こうだあや》の『台所のおと』という短編を15人くらいで読みました。最初は要領がわからないので、朗読会のように少しずつ読んでいったんですけれども、2回目、3回目くらいからはだんだんほぐれていって、僕がいなくても話が成立するようになったんです。

『台所のおと』は小さな割烹《かっぽう》を営む夫婦のお話で、奥さんがひとり厨房に立ち、ふすま一枚へだてて病に臥《ふ》せる夫がその音を聞いているんです。調理をしている様子や蛇口をひねる音から妻の機嫌を察知するというとても良い小説です。それに記憶を刺激されたのか、だんだんみんな、物語からそれて自分の話をし出したり、感情を表に出すようになったんですね。

何を伝えたいかというと、物語を読んでいるうちに、自分の経験だとか、地震の直前に娘や息子がこういうことをやっていたとか、そういう話を自然と語り出すということなんです。彼らは地域こそ同じですが、しょせん他人同士ですから、普通ならそうはならないんですよ。一対一で共感するような関係にはならない。でも、幸田文の物語の空間があったことで、そういうことが起こった。私はそのときにはじめて、物語が〝ハッチ〟に、つまり避難口になることに気づいたんです。文学には生きることに直結する力、あるいは力を抜くような作用があるんです。

大学で学ぶ意義

内田　身をもって体験されたんですね。それはとてもセラピューティックですね。
キャンベル　そうなんです。
内田　でも、大学で学生と文学を共有するときはまた違うのでしょうね。そういうときは、セラピューティックというよりは、もう少し俯瞰した感じになるのでしょうか。
キャンベル　そうですね。もちろん学生の成長を感じることはありますが、こういうことは起きません。私は研究者としてそこにいて、科学的に文学を教えるわけですから。

たとえばある作品が100年前のものだとすると、それがどういう社会の情勢の中で描かれて、どういう射程で作者がこの作品を生み出したのかを考えます。〝ディープリーディング〟、つまりテキストを深く読解することを実証的にやっているんですね。江戸時代の小説であれば、現代の日本人が使わない言葉もたくさんありますし、そもそも表記が読めませんから、1年生、2年生のときはできるだけ原本のコピーを渡して、崩し字を読解する練習をしたりするんです。

内田　難しそう！

キャンベル　1学期に3ページとか4ページしか進まないことも多々あります。でも、そうやって重箱の隅をつついていく先に、実はその経験がすごくいろいろなことに応用が利くようになる。資料の調べ方ですとか、自分の感受性を分析し、琴線に触れた部分がなんだったのかを突き詰める方法ですとか。学生を相手にするときは、そういう学ぶ喜びやサイエンスの方法論を伝えます。だからかなり違うんです。

学問では、自己や主観や感情を完全に保留にすることはできませんが、まずそれを疑ってみるんです。自分の気持ちや喜怒哀楽の根っこにあるものは、実は生まれ育った環境やその日の体調に影響を受けているかもしれませんから。そこを相対的に、違う角度から俯瞰できるような立場をつくっていくんです。自分が何を良いとし、悪いとするのか、あるいは何をおもしろいと感ずるのかということを、本当にシャープにひとりひとりが棚卸しして、存分に気持ちを伝え合う。それが大学で学ぶ意義だと思います。

内田　そのある種、気の遠くなるような作業も含めて、なんとも興味深いです。

主流にはまれない自分

キャンベル　だから私は、普段はそういう環境にひたっています。もちろん物語の持つ力に気づき、さまざまな言論活動に関わる中で、教育の現場とはまるっきり違う現実があることもわかってきました。日本列島には、絶えず堆積した地層のような言葉の記録があって、それが今を生きている人たちにとってどういう力になるのか、ならないのか、なるためにはどういう投資をしないといけないのか、ということはずっと考えています。

内田　文学ほどではありませんが、私はインターナショナルスクールの6年生の終わりに、半年間だけ日本の公立の小学校に編入したんです。やっぱり孤立したし、いじめもあった。そのとき母に、「休み時間にどうしたらいいかわからない」と相談したら、「そんなものは簡単でしょ、本を読みなさい」と言われたんです。まさに、本はハッチ、いろんな世界に飛び出せる扉でした。まだ小学生だったし、そのときは「みんなが楽しそうに遊んでるのに、ひとり机で本を読んでるのなんてやだよ～」って反抗したんですけど（笑）。

でもやっぱり、子どもの頃は、主流にはまっていない自分というのを、すごく重く受け止めていたんだと思います。大人になったらみんな違って当たり前だと思えるんですけれども、子どもの成長過程においては、周りの色合いとその中の自分ということをものすごく重く受け止めてしまうと思うんです。

キャンベル　はい、はい。

内田　だから不登校の現実も〝9月1日〟がどういう日なのかも、私は恥ずかしながら、母のことがあるまではまったく知らなかった。学校に行かないという選択がすぐさま死に結びつくということも、本当に不思議だった。でも、ここまでいろいろな方のお話を聞いていると、やっぱりみんな、根本的には自分が社会にはまっていけないかもしれないという不安に押し潰されそうになってしまうのでしょうね。

現代では、一方に〝個〟であることを祝福するムードがあるけど、一方では奥底の潜在意識として、みんなと一緒でなるべく目立ちたくないという気持ちもある。でも、人によっては目立つことを良しとする人もいるし……なんというか、そんな〝揺らぎ〟があると思うんです。

ちょっと話を変えますが、キャンベルさんは日本と欧米の教育現場と文化を見てきた経験から、それぞれの良い点と悪い点について、何かお考えはありますか？

単一集団というプレッシャー

キャンベル　私は小学生の頃、ニューヨークのブロンクス地区で生まれ育ちました。祖父も祖母も、子どももやきょうだいがたくさんいたので、戦前に口減《くちべ》らしのためにアイルランドの寒村から船に乗せられてきたそうです。そういう地縁もあり、19世紀の終わりぐらいから、ブロンクスにはアイルランド系の移民がたくさんいました。

当時のアイルランド系の人たちはホワイトカラーの仕事にありつけなかったんです。カトリックだし、偏見や差別もあったから。祖父は地下鉄の運転手をしていましたし、母たちのいとこもみんな、電気会社とかバスの運転手とか警察官とか、絵に描いたようなアイルランド系の人たちの職業、つまり、公に関わる技能を必要とするブルーカラーの労働に就いていた。そしてその地区には、そんな人たちがつくった小さな教会があって、母はその隣の附属小学校を卒業したんです。

内田　それは公立ですか？

キャンベル　完全に私立です。パリッシュ、つまり教区の人たちの子女がみんな、1年生のときからそこに通います。私もそうでした。そこは、今では考えられないくらいに単一民族的な社会だったんです。ほぼ100%が白人アイルランド系の子どもだし、ひとつの小学校で男女は別々の教室、違う先生によって教育されていました。そうすると、子どもが育つ文化も全部そこから派生するんですね。少年野球もボーイスカウトも、いろんな活動がそこにぶら下がっている。この地区を覆う、何か見えない膜のようなものがあったように思います。

内田　東大に入ったあとにできる、お団子集団みたいなイメージですか？

キャンベル　そうそう。吸い物のお椀の中のじゅんさいみたいな。透明な膜があって、その中に野菜のようなものがあるんですけれども、いくら混ぜてもぶつからないし、交じわらない。その中につるんと入っている感じです。

内田　じゅんさいで喩えるのがユニークでわかりやすいですね（笑）。

キャンベル　でも、そうやって同じ者たちでグループをつくるのは、サバイバルのためだったんだと思います。

内田　人間の〝さが〟みたいなものだったのでしょうね。そんな当時を振り返ったとき、その環境は窮屈に思えましたか？　それとも居心地がよかったですか？

キャンベル　私は家の中でも外でも要領がよかったので、上手に泳いでいたと思います。それこそお椀の中に浮かぶじゅんさいのように。悪さをしても見つからなかったし（笑）。

内田　あははは（笑）。そこは何年制だったんですか？

キャンベル　8年制です。ただ、7年生より上になったときに状況が変わり出したんです。

はじめて経験したいじめ

キャンベル　当時は60年代の反戦運動をはじめとする、いろいろなカルチャーやムーブメントがあったので、それに憧れていました。思春期の入り口で興味の花が開いたんです。

ただその地区は、みんな政治的に保守でしたから、真似はしづらかった。それでも私は、6年生のときから猛烈な反戦主義者になったんですね。親戚が出征して帰ってこなかったこともあって、ベトナム戦争はアメリカがやってはいけないことだと思っていた。たしかニクソンの1期目だったんですけれども、対抗する民主党の活動で、子どもでもできるようなビラ配りとかがあったから、そういうお手伝いもしていたんです。

内田　早熟ですね！

キャンベル　何も深いことは考えていなかったですけどね（笑）。でも、そのことが学校でものすごく批判されました。「そんなことを言うのならアメリカから出て行けよ」と。

それで、そのことだけではないと思うんですけれども、1年生のときからのベストフレンドが、ひとり、またひとりといなくなっていった。8年生だから中2のとき、完全に孤独になりました。それで壮絶ないじめが始まったんです。7年間、何も問題がなく平和なルーティンを過ごしていたのに、亀裂が入ってしまったんです。

内田　それはちょうど、自我が芽生え始めていた頃ですね。

キャンベル　そうです。それ以外にも〝男性性〟の問題がありました。7年生、つまり中1くらいのときから、周りの男の子たちが男性性を発現し始めるんですけど、僕はあまりそこに入っていけなかった。セクシュアリティ、少し早いかもしれませんが、今から考えると性的指向の芽生えというのかな。自分の中では何か迷いがあったとか揺れたということはなかったんですけど、周りから「男らしくない」と見られたんです。長髪で、私服がヒッピーみたいだったというのもあったと思うんですけれど。

内田　ある部分で浮いてしまったんですね。

キャンベル　まさに浮いた者として攻撃されて、すごく落ち込んだ。僕の人生の中で落ち込むことってそんなにないんですけれども、そのときは本当に落ち込んだ。あとはもうひとつ、そのときに母が再婚したんですね。……って、この話はどこまで続くんだろう（笑）。

内田　いえいえいえ（笑）。どうぞ続けてください。

母がしてくれた決断

キャンベル　父は小さいときに離れていったので、母は働きながら、ひとりで私を育ててくれました。そして僕が13歳のとき、母が職場で出会った人と再婚し、妹が生まれることになった。それは１００％嬉しいことだったのですが、やっぱり周りからすごく非難されたんです。

ひとつは、再婚相手がユダヤ人だったこと。もうひとつは、この地区では誰も離婚していなかったんですよ。日本では考えられないですよね。日本は単一的で窮屈な社会だとよく言われますけど、それでも想像がつかないくらいに、このブロンクスの教会附属小学校の男子学級は窮屈だった。ブロークンファミリーがひとつもなかったんです。

内田　ひとつもですか？

キャンベル　カトリックだから、離婚をさせないし、してはいけないということになっていたんです。めちゃくちゃな環境の家庭はあったはずです。でも離婚はなかった。

僕のうちだけだったんです。ただ、離婚のときはあまり問題なかったんですけど、再婚のときに目立ってしまったんですね。そういうこともあって、こてんぱんにやられました。

内田　そのときはお母さんに救いを求めたんですか？

キャンベル　妹も生まれたばかりだったし、言わなかったです。何かが欠けてるということを感じさせないままに育ててくれた母に感謝もしていたから、自分が母を支えなきゃという思いは小さい頃から強かったんです。だから、言えなかったですね。

でもあるとき、母がいじめに気づいた。6年とか8年も前からずっと家に出入りしていた友達がいなくなったんですから、やっぱり気づくんですよね。それでどうしようとなったときに、1週間か2週間くらいで引っ越しを決めてくれたんです。ブロンクスから、行ったこともないブルックリンに。

内田　へ〜！

キャンベル　ブルックリンハイツの縁《へり》のところにあるアパートを借りて、その地区のカトリック教会の附属学校に最後の1年だけ転入させてくれたんです。そのとき完全にリセットできました。それがすごくよかった。僕が変人だってことに誰にも気づかれないまま1年間過ごせたし（笑）、友達もそれなりにできたから。

内田　それはすごい決断力でしたね。

キャンベル　本当にそう思います。そのときにようやく息ができたというか、呼吸がすごく楽になりました。

排除から学んだこと

内田　悩み始めたときから環境が変わるまでは、どれくらいかかったのですか？

キャンベル　7～8か月くらいですね。

内田　じゃあ、今でも時折思い出す経験かもしれないけれど、キャンベルさんの人格に影響を及ぼすほどの長さと深さにはならずに済んだのでしょうか？

キャンベル　いや、響いています。集団から除外されるということは、それまでしたこともされたこともなかったし、見たこともなかった。それを思春期の入り口で、波をかぶるように経験したことは、そのときに言われたこととかやられたこと以上に、根幹の価値観に影響を与えましたね。やっぱり、いくら強気でいても、やられているときは向こうが正しいと思ってしまうんです。私がこういう扱われ方をすることには何かわけがあるのだろうって。その世界が絶対だったので。

だから影響はかなりあって、それこそ貪欲に反発するようになりました。ひとつの与えられた職場や環境に100％自分を投入して同化するということは、それから一度もしていません。自分の下駄を他人に預けたり、自分をある環境に溶け込ませることもしない。それこそどこか客観的に、出口をうかがっているのかもしれない。組織に連なる目の前の人たちと、一方ではつながっているけど、もう一方では出口をうかがっている。そのときに味わった完璧な排除によって、私は教会やミサに行くことからも切れました。宗教的に組織されたお仕着せのカンパケで提供されるものって、もう容易には信じないし、信じようとしません。皮肉に聞こえるかもしれませんが、このことはものごとを考え、研究する立場になったときにむしろ大いに役に立っているように思います。既成概念とそれをつくっている「勢力」なるものを常に疑うというのは、研究者にとって何より大切なことなので。

内田　なるほど。でも、そうやってハッチをうかがったり持ったりすることは、クリエイティビティにとってはいいことですよね。外からの風が入るから。

キャンベル　あっ、そこちょっと聞いてみたいです。内田さんが今の私の発言に共感したと言うのなら、どういうときにそう感じますか？　ご自分の経験の中で、どういうときにハッチがあってよかったと思いますか？

子どもの成長過程において、本当に幸福な環境とは

内田　うーん…………具体的にはなんだろう。やっぱり私は、母親の考え方が強く影響してるんです。母は環境を変えることや、必要なときには、既成概念を覆すことも恐れない大胆さがある人でした。

でも、もしかしたら日本社会全般のトーンとしては、いったん始めたことはなるべく続けるべきだし、初心からそれてしまうことはあまりよしとしていないかもしれない。でも私は、母や破天荒な父の影響もあって、チャンスが巡ってくればどんどんそこに行ってみたり、受け止めてみればいいと思ってきました。ある意味、どこにでもハッチがあったんです。

キャンベル　なるほど。

内田　インターに入ったのも、ちょうど両親が離婚裁判をしているときでした。家の近所にある私立の幼稚園に入れようとしたら、「芸能人でしょっちゅう騒がれている人の子は預かれない」と言われてしまって、母はそこではじめて、「こういうふうに自分たちがやってることが子どもに影響するのか」と思ったみたいなんです。そのと

きに、まだ誰も聞いたことがないような、できたばかりのインターナショナルスクールを見つけた。そこなら外国人ばかりだし、日本の芸能人のことなんか誰も興味ない。英才教育でもなんでもなく、匿名性を求めて入ったんです。

まあ、不幸中の幸いでそこが良い学校だったんですけれども、あるとき、やっぱり日本語の読み書きもより深く学びたいと思って、母に頼んで日本の公立学校に行かせてもらったんです。編入の際に教育委員会とはもめましたけど（笑）。とにかく母には、こうでなければならないというのがなかった。私がいじめられて泣いていたときも、「じゃあ、やめればいいじゃない」とすぐ言ったんですよ。でも私は、自分で決めたことだし、インターの友達に「日本の学校に行くね」と言ってきた手前、すぐには恥ずかしくて帰れなかったんです。

キャンベル　それはたしかに（笑）。

内田　あと半年で卒業できるんだから、と自分に言い聞かせて通い続けました。とにかく何もかもが自由だった。勉強しろと言われたこともないし、どこに行っちゃダメ、いつまでに帰ってこないとダメ、誰と遊んじゃダメ、というのもなかった。だから私は、むしろルールがほしかったし、自由が窮屈だったんです。

その一方で、この本を通して出会った方々の語る日本の教育現場は、やっぱり、基本的には周りと同じであることを求めていますよね。義務教育だから特にそうなんでしょうけど、その中で自由になれない子たちがいる。そう考えたときに、何がいちばん子どもの成長過程において幸福な環境なんだろう、ということを考えてしまうんです……。

たとえばあるとき、モンテッソーリ[15]の幼稚園を見に行ったんですけど、本当にそれぞれに好きなことをやらせているわけです。そのときも、日本の公立や私立の学校に子どもを通わせている親の意見で、やりたいことばかりやっていたら、社会人として通用しなくなるんじゃないか、という不安が多かった。

キャンベル　そういう意見はあるでしょうね。

内田　でもね、自由な環境の中で、早くに自分の好きなことを見つけて、どんどんそれを深く突き詰めていけた人を見ると、学校に行って、机を並べて、同じことを同じ時間の中でやらなきゃいけないというのは、必ずしも子どもを伸ばすための好条件で

15　モンテッソーリ教育は、マリア・モンテッソーリ博士（１８７０―１９５２）が考案した教育法。「子どもには、自分を育てる力が備わっている」という「自己教育力」の存在が前提となっている。現在世界１４０以上の国にモンテッソーリ実践園が存在するとされる（日本モンテッソーリ教育綜合研究所のホームページを参考）。

はないのではないかと思えてしまう。もちろん、そのことで育まれる連帯感や喜びはあると思う。それでも、本当に自分が人生を通して出会いたい〝学び〟みたいものに出会うためには、ホームスクーリングだっていいかもしれないし、モンテッソーリのようなプログレッシブな教育でもいいのかもしれないですよね。もちろん、そこだってなんでもありなわけではなく、それぞれの守るべき秩序はあるんですが。

　そこで、私がちょっと聞きたいのは……もし、キャンベルさんにお子さんがいるとしたら、どういう教育を理想としますか？

選択肢のシャッターを、最初から下ろしたくない

キャンベル　私はその子の資質を見ると思います。でも、まず押さえておきたいのは、日本の公教育は取りこぼしが少なく、ＰＩＳＡ[16]のような世界的な指標から見ても高い評価を受けているという現実です。
内田　その成果が出ていると。
キャンベル　出ています。アメリカに比べれば、日本の教育は本当に格差が少ないし、機会が均等に与えられている。それは幸福なことです。ただ一方では、子どもが〝馴《な》

らされていく〟という現実がある。私自身の経験からしても、そこには強い違和感を覚えます。私の場合は高校に行ってはいたけれども、学校の外でもさまざまな活動をしていましたから。たとえばダンスをするだとか。

内田　えっ！　どんなジャンルのダンスをされていたんですか？

キャンベル　ジャズダンスやモダンダンス。当時カリフォルニアでザ・チューブスというバンドが流行っていたんですけれども、17歳のときにそこのダンサーになったんです。

内田　すごーい！

キャンベル　大学に入ってからもしばらくやっていましたし、ほかにもフルートを吹いたり、いろんな活動をやっていましたね。親も放任主義でしたから、そんな具合で大学もまぐれで入ってしまって……。

内田　でも名門校ですよね？　偶然では入れないと思いますが。

キャンベル　二次試験がなかったんですよ。バークレー校は競争率が高いんだけれど

16　OECD（経済協力開発機構）による国際的な学習到達度調査。15歳児を対象に読解力、数学的リテラシー、科学的リテラシーの三分野について、3年ごとに実施している。

も、SAT（米国の大学進学希望者を対象とする共通試験）の総合点数で一定のレベルをクリアした人たちは自動的に入れるんです。それをたまたま達成していたから、何も考えずに入れました。

内田　選択肢がもうそこにあったんだ。

キャンベル　しかも一校しか申請していない。アメリカとしてはめずらしく滑り止めを受けなかった。そうやってなんとなく入ったのですが、いざ入ってみたら勉強はすごくおもしろくなった。ただ、私はそこで何をしたかというと、4年生のときにプラクティカル（実践的）なことをやるのか、今みたいな研究をするのかということをギリギリまで迷って、3回か4回くらい頭の中で旋回したんですね。

もしこれが日本の公教育だったらどうでしょう。文か理かで最初に分けられるし、私は迷えなかったし、完全に敗者になるんです。それだともうギブアップ。多分、今とは違うことをしていたと思います。

だから子どものことを考えると、選択肢のシャッターは下ろしたくない。できるだけ選択肢があるような教育を受けさせたいと思います。

新しい指導要領で何が変わったのか

キャンベル　実は、２０１７年から日本の公教育の学習指導要領が10年ぶりに変わりました。それについて審議する委員会に、文部科学省の中教審（中央教育審議会）というものがあって、学識経験者たちが集まり、２年ぐらい協議して、今後10年間の日本の公教育はどうあるべきかという理念をつくり、それに即したカリキュラムや学校のマネジメントまでを決める基本法をつくろうとしているんです。

内田　キャンベルさんも参加されているんですか？

キャンベル　参加しています。たとえば言語活動、国語でも英語でも、その２つの教科はすべての教科につながる大切なものなので、一緒に強化すべきだという主張をしました。日本の学校だと国語と英語はスパッと分けられていますが、つながるところがすごくあるんです。日本語で学んでいることと英語で学んでいることを近づけて、行ったり来たりすることによって、思考であるとかコミュニケーションが強くなるはずなのに、それをやっていないんです。それをやっていこうとしています。

内田　つまりシームレスに？

キャンベル　ある部分はシームレスに。でもまずは、ミシン目をつくらないといけないんです。たとえばこれから２週間、宇宙のことを考えるとしたときに、国語と英語、両方の時間でそれをやれば、ふたつの言語で語り合い、コミュニケーションを取ったり、国語の授業の中で、英語の時間に学んだリソースを活かすことができる。それによって国語がおもしろくなったり、英語を学ぶ意義がわかったりする。まさに〝アクティブラーニング〟という新しい学習指導要領の一丁目一番地に対応しています。

ただ、今教育の世界では、それをどうやって評価するかというのがいちばん厄介な課題です。というのも、今の日本の公教育は、教室の中で評価できること、つまり点数化できることしかやらないんですね。でも、アクティブラーニングはそうじゃない。たとえば5〜6人くらいのグループをつくって、戦後、自分たちの住む街で何が起きたかということを調べるとします。フィールドワークをして、資料を集めて発表し、批評し合うわけです。でも、そういう活動は評価しにくいですよね。

内田　いろいろな教科が混ざってくるわけだから、余計そうなりますよね。

キャンベル　グループの中にどうしても主張の強弱が出てきますし。そこが日本の教育システムが最も不得意とするところなんです。

〝出口〟は新しい〝入り口〟でもある

内田　欧米ではそういう学び方がわりと多くあるのですか？

キャンベル　完全でないけどあります。地域によっては、アメリカの歴史と生物とか、人権と環境学とか、文と理をできるだけ融合したような形で教えています。

というのは、これからの人材に求められる能力や感性は、今の日本の義務教育で提供されているものじゃないんです。自分で問いを見つけること、散らばったどんぐりを自分の目で見分けて、拾って、自力で発芽させることが〝成功〟なんです。もちろんそれがすべてではないんですよ。いろんな人たちがいるわけですから。

でも、少し前まで求められていた順応性であるとか、みんなで結束してやっていくような力は、ＡＩ（人工知能）がこれほど発達した現在、そのままではあまり求められなくなっています。私たちがやってきた仕事も、あと20年ぐらい経つとほとんどなくなるわけです。

内田　今まであった職業がなくなっちゃうなんて、今は想像しにくいですけどね。

キャンベル　なので、今回のテーマのひとつである〝ハッチ〟について言うのなら、ハッチを一度出て、回りまわってまたそこに戻ってきたときに、それが今度は〝入り口〟になるといい。そういうハッチをたくさんつくること、異なる扉を人々に開放して、ともに迷える時間と空間をつくることが、今いちばん求められることであり、日本の教育に不足していることのひとつのように思うんです。

内田　本当にその通りですね。

キャンベル　だから、内田さんの今度の本が取り上げる問題、つまり熾烈《しれつ》な状況に置かれた子どもたちをどうやって救うかということが、実は反転させると、すごくポジティブなものになり得るかもしれないですよね。次の世代、あるいは今の世代の人たちにとって、思考の転換となるテーマになる気がします。つまり、逃げることが、次の入り口に行くための前段階になっているということが、これからは大切な気がします。

内田　そうですよね、新しい動線をつくると言いますか。

キャンベル　出口が螺旋《らせん》階段にあるとすると、小さな踊り場が上にも下にもたくさんあって、そこが出口にも入り口にもなる。そういう発想を教育システムにも反映させないといけないと思います。

教師たちも新しい流れに対応できていない

内田　それは今後、なされていきそうですか？

キャンベル　日本の公教育の悪い点を言うなら、国内での格差はやっぱりあるし、それは加速しています。たとえば、２０２０年から英語が小学3年生から必修化されるのですが、そのときに港区の公立の学校なら、補助としてネイティブ・ティーチャーを雇うことができるんですね。

内田　そうなんですか。

キャンベル　財政に余裕がある地区は、子どもたちにネイティブの読み書きや話を提供できる。でも九州のある街では、英語教育にロボットを使っているんです。私も見たことがあるけどよくできています。ちゃんと受け答えができる最先端のＡＩが入ったロボット。

内田　それは、Ｓｉｒｉと話してるようなものですか？

キャンベル　ああ、その喩えはいいですね。「ゴメンナサイ、ソレハワカリマセン」みたいな（笑）。それはそれとして、港区の教室と九州のその教室とを比較すると、もう歴然とした差があるんですよ。予算が十分にないからロボットを使っているわけで、一部電子媒体に依存した教育になっている。モニターと生徒がいて、そこで完結させないといけない。

内田　目的は世界の人間とのコミュニケーション能力を高めることなのに、ロボットを雇っては本末転倒というか……まあ、ないよりはいいのかもしれないですけどね。

キャンベル　もちろんそれは、一定のある場面においては意味があるでしょう。だって、私たちもそうやって覚えるわけですからね。僕も最初に日本語を学んだときには、ロボットのようにピッチアクセントを覚えました。東京で育った内田さんは意識したことないと思うんですけれども、「橋」と「箸」、「雨」と「飴」とか、全部覚えないといけない。それこそ機械的に繰り返すしかない。

内田　その成果がこの美しい日本語なわけですね。

キャンベル　いえいえ（笑）。でもそれって、もはやコミュニケーションではないですよね。スポーツやピアノのレッスンと同じで、とにかく繰り返して筋肉を鍛えることだから。その意義は理解できるんだけど、それをコミュニケーションの部分でやってしまっているのは、やっぱり格差なんです。

あと、日本には教職免許がありますが、それを持っている先生たちが受ける教育というのは、従来の知識を獲得させ、再生するものとしての教育学なので、評価できないものを教えるのがすごく大変なんです。急に言われても、できない。もっと言えば、日本人は学校に対して公正性を求めるので、フェアであることに非常に高い期待値がある。それらを新しい指導要領の中で、どうやって実現していくのかが今後の見どころだと思います。

そして振り出しに戻る……

キャンベル ただし、基本的に新学習指導要領は、生徒たちが基礎的な知識の足場を自ら身に付け、その知識を何に、どう使うのかを、迷いながらやっていくことを求めています。教室の外に出たり、新しい人を呼び込んだり、グループで活動するような機会が増えるし、増やさないといけないことになっているんです。そういう意味では、これだけの不登校やひきこもり、あるいは子どもの自殺があることは、注目すべき大きな問題でしょう。

日本社会全体で多元性や多様性ということが叫ばれてもう2〜3年経ちますけど、スピード感もないし、ゆるいんですね。何か事件があるとぐっと進む、というのが日本の方法だと思っていて、別にそのすべてが悪いとは思わない。でも、そのせいで、よっぽど何か悪いことが起きないと変わるきっかけにならないということがあるのは事実です。放っておくと〝凪《なぎ》〟の状態が続く気がします。それでは多分、大きく変化はできないでしょうね。これは子どもたちの問題ではなく、社会全体の問題です。

内田　うーん……。やっぱり、どこから始めたらいいのかがわからなくなりますね。不登校の問題を解決しようとすると。『不登校新聞』の石井さんは、とにかくひとりでも多くの人に現実を知ってもらうことから始める、とおっしゃっていましたから、私もこの本で少しでも伝えられたらいいなとは思います。そして学校に行けない人たちに、こんなに思いもよらない人生があるんだよ、豊かな成功例があるんだよ、ということを伝えることで、「自殺だけは選択しないでほしい」と伝えたい。

キャンベル　本当にそうですね。

内田　私の母は、もったいない精神がとても強い人だから、大人に対しても、伸び悩んだり迷ったりしている人を見ると、「こうしてみたら?」「ああしてみたら?」ってつい言いたくなっちゃうタイプなんです。そんな彼女自身が死に向かう途中で、まだ若さもあって、健康があって、未来があって、それなのに自ら死を選ぶ子どもたちがいるというその事実は、彼女にとってすごくもったいないし、耐えがたい衝撃だったんです。

だからこそなんとかしたいと思うんだけど、やっぱり、答えはそれぞれの中にしかない……。なんて言えばいいんだろう。たとえばですよ?　もしキャンベルさんの目の前に、ひとりの若者がやってきて、もう学校に行きたくないから自殺したいと言ったとしたら、どんな言葉をかけますか？　そんな切羽詰まった人に何をどこから伝えますか？

死にたいと言われたら、どうする？

キャンベル　ああ、そうですね……。まず、そこには生理学的な要因、つまり自分では自覚できない要因が心や体の中にあるかもしれないですよね。私の妹も一時期、精神的なことを患って自殺を真剣に考えたことがありました。今は元気ですけれども、そこには多分に生理的・身体的な資質が関わっているんです。

内田　関係があるんですね。

キャンベル　とても大きいです。よく言われるけど、うつ病は内科系の病気なんです。だからまず、治療が必要かどうかを見極めることが重要です。本人にはなぜ気持ちが沈んでいるのかがわからないだろうから、まず医療機関で診てもらう必要があるし、どれぐらい具体的な行動を繰り返しているかということも見る必要があります。

そして、やっぱりパニックになっているかもしれない。あとから聞くと、そのときは何も見えないし、それしかなくなるらしいんですね。つまり、死を選ぶべきだと確信してしまう。生きることをやめることが、自然で、正しいことだと思ってしまうんです。もちろん、とっさにそういう行動をとることもあるんですけど、おそらく多くの人は、長い時間をかけて考えているし、その人なりの理屈がある。

内田　正当化できてしまうところまで突き詰めてしまうような。

キャンベル　ヴォルテックス、つまり渦の中にいる間はほかのことが見えないということです。出口が見えない。

内田　たとえ目の前にあっても、出口に見えないんですね。

キャンベル　だから〝出口〟という比喩に問題があるのは、感覚器官で見えるもの、捉えられるもののように聞こえてしまうことですね。実際はそうじゃなくてもいいわけですよ。たとえばこの部屋から、2～3時間でも寒い部屋に移れば違う気持ちになるかもしれないし、暑い部屋に行けばまた気分が変わるかもしれない。

それと同じように、出口が何かということは本人にもわからないわけですから、今はとにかく、やらなきゃならないと思っていることからできるだけ引きはがせるように、私なら働きかけたいと思います。毎日のルーティン、それは宿題であったり部活であったり学校に行くことだったりするんだけど、そういうものをできるだけしなくてもいいように、違う景色を見られるようにしてあげたい。もちろん関係性によりますし、強制できない関係性のほうが多いんだけれども、できるだけそこから連れ出したいと思うんですね。

内田　そうか、それがまず先決かもしれませんね……。

ただ遠くを見る

キャンベル　僕もやっぱり、生きていると暗い気持ちになることはあります。でも、そういうときは遠い景色をしばらく見るんです。

内田　自分の置かれている状況を俯瞰するということですか？

キャンベル　俯瞰するというか、実際にそうではない方向を見るんです。

内田　遠くを見るという、そういう運動をするだけでもいいと？

キャンベル　はい、そういうふうに動くんです。いじめられていた10代の前半の頃、こんな夢をパターンとして見ていました。寝起きの直前に見るのですが、どんどん自分の周りが暗くなっていくんです。ブラックホールみたいなものができて、圧倒的な闇があって、それはある意味気持ちいいんだけれど、怖い。その闇が自分に向かって結集して、いちばん暗くなったときに、はっと目が覚める。そんな夢だったんです。

内田　怖いですね……。

キャンベル　14歳のときぐらいから3年か4年くらい、ずっとその夢を見ていたんですけど、目が覚めると本当に気持ちがしょげているんですよね。そんなときに、街の中にいたからもちろんそんなに遠くの景色は見られませんけど、屋上に上って遠くを見ることでその気持ちを消せたんです。14歳から17歳くらいのときにそれを覚えました。

内田　すごいメソッド！　今でもそれは効果がありますか？

キャンベル　あります、今でもやっています。ちょっと外に出て遠いところを見ることによって、自分の心の吸盤が、また何かに吸い付けるようになる。吸着力が戻るんです。人に、ものに、そのときの仕事に、また入っていけるようになるんです。

内田　おもしろいなあ。きっと人それぞれにそういう方法があるのでしょうね。私も、母が亡くなってから物理的に慣れないことで忙しくなって、精神的にも不安がいっぱいだったときに、一回すべてをストップして、海を見に行ったんです。そしたらものすごく精神が落ち着いて、それまで深く息をするのを忘れていたことに気がつきました。波が繰り返し同じ動きで揺らぐのを見ていたら、また深呼吸できるようになって、それでだいぶ回復したんです。

キャンベル　それはひとりで行ったんですか？　それともご家族と？

内田　ひとりで行きました。人がいると気を遣っちゃうから。自然の力って、やっぱり理屈抜きに偉大ですね。

キャンベル　すごいです。だから私は、目の前に死にたいと言う子がいたら、そういうところに連れていきたいと思うんです。まずは何も言わずに。

内田　説明はせずに、ね。

秘密の仕事

キャンベル　私たち大人は、つい「ああしなさい」「こうしなさい」と言ってしまうけど、できることはもっとあるはずなんです。海を見に行くような大掛かりなことをわざわざする必要はもちろんないんですけれども、そういうのもいいよね、と体感させるようなことはもっとやってもいいと思うんです。

内田　そうですよね。

キャンベル　実は私、5月に新しい本を出すんです。7年くらい前に大きな病気をして、入院していたのですが、そのときに井上陽水さんの歌詞を1日1曲、英訳していたんですよ。2か月かけて全部で50曲。

内田　えっ⁉　それこそクロスワードパズルやるような感覚で？

キャンベル　あっ、いい喩えですね。僕はもうちょっとカッコよく、写経するようにって言っているんですけど（笑）。

内田　あははは、失礼しました（笑）。

キャンベル　でもまさに、今日はこの曲というふうに訳すことで、心が救われました。誰かに言われた課題ではない、好きでやっている課題。医師からは仕事するなと言われていたから、ちょっとした反抗心もあって、誰も仕事とは思わないような仕事としてやっていたんです。普段、翻訳はしないから、新たな挑戦でもありましたね。でも、やっている途中でコソコソしている感じがしたので、陽水さんご本人にテキストメッセージを送って許可はいただきました（笑）。

内田　それで結果的に50曲も英訳したんですね。

キャンベル　みんな普段わかっているつもりで陽水さんの曲を聴いていると思うんですけど、僕には彼の日本語のある部分がわからないのです。だいたいわかるけど、英訳するということは一字一句を逃さず置き換えないといけないから、全てが見えないとまずいわけですよね。でもやっぱりわからない（笑）。

内田　そういうときはどうしたんですか？

キャンベル　本人と実際に会って何回か話をするんですけど、するりとかわされる。内田さんなら気持ちがわかると思うんですけれども、答えたくないんですよ。みんなそれぞれの解釈があるから、作詞家として言いたくない。でも、稽古をつけてもらいながら英訳は続けました。本当に発見が多かったです。彼の歌をひとつの素材として、英語と日本語で行ったり来たりすることはすごくおもしろかったし、「日本」を新たな道筋から発見させてくれました。その成果を来月『井上陽水英訳詞集』（講談社）として出すんです。それでね、今日はひとつだけ、その中から持ってきた歌詞があるんです。

『海へ来なさい』

キャンベル　これ、海の歌なんですよ（校了前のゲラを見せながら）。

内田　あら！　さっきの話とリンクしちゃった。

キャンベル　きっかけがあれば話したいと思っていたんです。『海へ来なさい』というバラードなんですが、子どもたちがこういう環境でいられたらいいな、と思わされます。

内田　この曲、聴いたことないです。ちょっと読ませていただきますね。

太陽に敗けない肌を持ちなさい
潮風にとけあう髪を持ちなさい
どこまでも　泳げる力と
いつまでも　唄える心と
魚に触れる様な
しなやかな指を持ちなさい
海へ来なさい　海へ来なさい
そして心から　幸福になりなさい

風上へ向える足を持ちなさい
貝がらと話せる耳を持ちなさい
暗闇をさえぎるまぶたと
星屑を数える瞳と

涙をぬぐえる様な
しなやかな指を持ちなさい
海へ来なさい　海へ来なさい
そして心から　幸福になりなさい

内田　……うわあ、なんだか、鳥肌立ちました。偶然に用意されていたんですか？

キャンベル　そうです。もしかすると今日、子どもとどう向き合うか、家族には何ができるのか、という話になるかもしれないと思っていたので。

この歌はずっと「しなさい」でつながっていますよね。英訳するまで気づかなかったんですけど、「何かをしなさい」って言葉は、普通なら子どもにプレッシャーや規範意識を植えつける言葉じゃないですか。でも、この「しなさい」ほどやさしい日本語はないんです。

内田　本当にそうですね。

キャンベル　だから、「しなさい」という日本語の命令形は、もしかすると英語と違うのかもしれないけれど、ソフトで柔らかく、包み込むようなニュアンスも含んでいる。だから「しな」とか「こよ」とか「しろ」とか「せよ」ではなくて、「来なさい」とか「行きなさい」と言うことが、実は子どもにとってセーフな言葉になり得ることもある。

内田　突き放す命令形ではなくて、大きく受け入れている感じがしますね。

キャンベル　それこそ内田さんが今日着ているカーディガンのように、それを着たまま一緒に包み込むようなイメージです。

内田　非常におおらかで深いコミュニケーションを感じます……。

その指を、なんのために使うのか

キャンベル　この曲は入院中の早い時点で英訳したんですけど、それこそいちばん暗いものからやったんです。『青い闇の警告』とか、陰々滅々とした救いようのないものから。

内田　少なからず闇のようなものにひたりたかったんですか?

キャンベル　鎮痛剤を飲んでひどい状況だったので、とてもじゃないけど『アジアの純真』とかは無理でした（笑）。

内田　あははは（笑）。

キャンベル　でも、何よりもまず、「魚に触れる様な／しなやかな指を持ちなさい」という歌詞を見て、「この日本語ってなんなの？」と思った。英語にしてみたかったんです。最終的には〝(have) fingers supple enough / to brush upon the fish.〟と訳したんですけど、これは「魚をかすめたときのようなしなやかな指」と訳しているんです。でも、元の日本語はそうではないですよね。「魚に〝触れる〟ってどういうこと？」という疑問は残る。捕獲するときや水槽を入れ替えるときには触れるかもしれないけれども、そもそも魚に指で触れることってあまりないので。

内田　キャンベルさんはそこを「かすめるように」と訳したんですね。

キャンベル　そうです。それで考えていたら、こういうことなのかな、と思い当たりました。つまり、魚が傷つかないように、そしてその魚と自分は一緒になることはできないし、交信することもできないかもしれないけれども、その魚にとっても自分にとっても、十分にしなやかに強い指を持ちなさい、と。そういう歌なんじゃないかと思ったときに、読みながら涙が出てきたんです。もともと楽曲は知っていたけど、英訳してはじめて気づきました。

内田　ひとつひとつのフレーズに改めて向き合うことで発見されたんですね。

キャンベル　そうなんです。そして繰り返すように、「星屑を数える瞳と　涙をぬぐ

える様な　しなやかな指を持ちなさい」というフレーズが出てきますよね。この「涙」にかかる部分も、「ぬぐう」ではなく「ぬぐえる様な」なんです。これもすごい日本語です。

内田　もはや意志ですよね。動作のことを言ってはいるんだけど、そこにはらんだ心の有様だから、すごく訳しにくいですね。

キャンベル　そう、訳しにくいんです！　でも、この歌については陽水さんに教えてもらおうとは思わなかった。一文一文の意味はわかるし、時制とか性差とか何人称なのかとか、日本語と英語の間で解決しないといけない問題はほぼなかったから。とにかくこの歌は、ほかの歌と全然違ってすっと読めるんです。

そしてこの歌がひょっとすると、それこそまだ若い、グラグラした砂の上に立ち、バランスがうまくとれずにいる、まさに渚に立つような人と出会ったときに、私たちがどういう言葉をかけることができるのか、どう向き合えるのか、というテーマに通ずるかもしれないと思ったので、持ってきたんです。

内田　50曲ある中から選んでくださり、しかも私がまさに揺れているときにこの歌詞を見せていただき、こうして出会えたことは、私にとっても、生涯大切にしたいテーマになります。

この曲は子どもたち、小さい子どもという意味だけではなくて、何かに向かって成長しようとする、生きようとする、伸びようとする人たちに向けて、こういう気持ちでいるといいんじゃないか、ということを歌っているのでしょうね。こういうふうに人と関われたり、親として子を育てられたらいいなあ。人の子どもに対しても、こういう距離感で。それこそ社会全体がこのような感性を根底に持てたら豊かでしょうね。

キャンベル　何かを押し付けてるわけでもないし、迷惑かけちゃいけないとも書いてない。持った指をどのように使うのか、ということなんです。

内田　はい、まるで人間の尊厳についての詩のようです。

母から娘へ、渡されたバトン

キャンベル　実は、小説にもこの歌に該当するようなものがあるんです。多和田葉子さんという小説家がいるんですけれども……。

内田　あ、私はずいぶん前に『犬婿入り』しか読んだことはないけど、類を見ない独特の物語と文章に圧倒されました。

キャンベル　私は、多和田さんが、今いちばんノーベル文学賞に近い日本人作家だと思っているんです。4〜5年の間に受賞するんじゃないかなと踏んでいます。

内田　それはキャンベルさんの個人的な思いとして？

キャンベル　客観的に見てですね。村上春樹さんのように商業的には成功していないですが、言語や文化を越境しながら、ドイツと日本で等しく評価されていらっしゃいます。

今回のテーマで言うと、『献灯使《けんとうし》』という2014年に書かれた小説があります。私も文庫版の解説を書きました。福島（原発事故）のあとに書かれたことが影響しているのでしょうが、何か大きな事故があって、普通には日本で暮らせないようになっている。しかも、老人たちは100歳を超えても健康で、子どもたちには学校に通う体力もないという、そんな近未来が舞台なんです。物語は、義郎《よしろう》というおじいさんとひ孫の無名《むめい》の関係が中心に描かれています。

無名という少年はとっても元気なんだけれども、身体が弱いために自分でパジャマを上手に脱げないんです。でも毎朝脱がなきゃいけないから、蛸《たこ》になりきって脱ぐんですよ。足がたくさんあるイメージで、ぐにゃぐにゃと楽しそうに。できないことが、できないこととして描かれていないんです。無名は咀嚼《そしゃく》もうまくできません。ひいおじいさんからすれば元気に咀嚼できるようになってほしいんだけど、彼も無名に対して、「ちゃんと噛みなさい」ということは絶対に言わないんです。

内田　ああ、それはすべての教育に通じるヒントですね。

キャンベル　そうなんです。そんなふたりの関係が、陽水さんの『海へ来なさい』に重なる気がしました。多和田さんのような現代の小説家で、今の日本のことを俯瞰している人が、子どもを視点人物にして書いたことには何か意味があると思うんですよ。

　だから今回、内田さんがお母様の話から不登校の現実に気づかされて、それをきっかけに何人かの方と対話を重ねてきたというその事実に、私は今、いちばんのリアリティを感じます。私自身意識すらしていないことですけど、実はすべて通底しているというか、現状への違和感や何かしなければならないというこの思いは、どこかひとつにつながっていくように思うんです。実際、こうして『献灯使』を3年ぶりに読み直したり、『海へ来なさい』の歌詞を持ってきたりして、そのお話ができたらいいなと思っていたら、本当に海の話になっちゃったので、今日はそんなつながりを感じました。

内田　有り難いことです。やっぱり人って、漠然とでも何かを心の中で求め、思い描いていると、こうしてちゃんと出会えるという希望が持てました。いくつかの対話を重ねて、言葉もたくさん集まって、本はできていくわけですが、最後にキャンベルさんから大きな指標をいただいたように思います。

キャンベル　荷が重いと思うんですけれども、頑張ってくださいね。

内田　不登校の現実は、歴《れき》としてあるんだけれども、もっと深い普遍的な人生の命題、たとえば〝人間のどうしようもなさ〟みたいなものも含めて、親であったり教育者であったり、子どもを取り巻く人間社会全体が、理解を持てたらいいなと思います。今日はなんだか初日の出でも見たような清々しい気分です。本当にありがとうございました。

キャンベル　こちらこそ、ありがとうございました。

内田　こんなところに漂着するとは思わなかったです。

ロバート キャンベル

日本文学研究者。国文学研究資料館館長。東京大学大学院総合文化研究科名誉教授。ニューヨーク市生まれ。カリフォルニア大学バークレー校卒業。ハーバード大学大学院東アジア言語文化学科博士課程修了、文学博士。1985年に九州大学文学部研究生として来日。専門は近世・近代日本文学。とくに江戸後期〜明治前半の漢文学と、漢文学に関連の深い文芸ジャンル、芸術、メディア、思想などに関心を寄せている。著書に『井上陽水英訳詞集』(講談社)、『東京百年物語』(編集、岩波文庫)、『ロバート キャンベルの小説家神髄 現代作家6人との対話』(編著、NHK出版)などがある。

あとがき

「人はいつか死ぬんじゃなくて、いつでも死ぬ」

不治の病を得た母がつぶやいた言葉です。

日々忙しくしていると、まるで人生は永遠に続くという錯覚を覚えるときがあります。でも、ふと立ち止まり考えてみれば、当然に限りあるのが人生です。幼い頃から「私はなんで生まれてきたんだろう……」と折に触れ自問してきました。そして、43歳という人生の折り返し地点に立った今もなお、納得する答えは見つかりません。

もしも今、目の前の友人が、

「もう、どうにも出口が見つからなくて、何も希望が持てず、とてつもなく苦しいから死にたい」

と訴えたら、私は、

「お願い、あなたがいないと私が寂しいし、周りのみんなも悲しむから、どうか死なないで」

以外に、何が伝えられるだろう。正直、自信が持てません。

生物学的、倫理学的、あるいは、宗教学的にも「自ら死を選んではいけない」という理屈は見つけられるかもしれません。でも、なぜだか私にはどれも腑に落ちないのです。

「もったいない、あまりにも命がもったいない……」

また、この旅の始まりとなった母の言葉に舞い戻ります。

変な喩えですが、母は食べ物を残すことを心底嫌がり、レストランでも自分や友人の残り物を自前の容器に入れて持ち帰り、あとでアレンジして最後まで食べきりました。どこへ行くにも箸を携帯し（高級なフレンチでも！）まっさらなナプキンを着席するや否や店員さんに返し、持参のハンカチかティッシュで代用します。同じレストラン内には、口に合わないと食べ残す人や、膝上のナプキンを床に落としただけで新しいものに交換する人さえいる中、この如何《いかん》ともしがたい不一致に私は戸惑いました。何より、私にはそのマナー違反の数々が恥ずかしくてたまりませんでしたが、母は物ともせず、

「だって、もったいないじゃない。自分のを使えばゴミも洗い物もわずかでも減るし、その分、ほかの誰かが使えるじゃない」

この一点張りなのです。

これはほんの一例に過ぎず、生活に関わるすべての事柄に、この「もったいない」精神を母は貫きました。けれども今、ようやくわかり始めたのは、母は環境のことさることながら、そこに関わる人の想いや、費やされる時間と労力といったプロセスに思いを馳せていたということ。たとえば、農家の人が手塩にかけて成し得た野菜も肉も、漁師がまだ暗い早朝に過酷な海で釣り上げた魚も、それらを何年もの修業を経たシェフが技術を駆使し、結晶させたものこそが料理なのです。あらゆる物語が紡がれなければ、自分の目の前に存在すらできなかった、そのひと皿……きっと、そういう背景をどこにでも感じ取る人だったのでしょう。

では、その遺伝子を受け継いでいる私自身はどうなのか。母は意外にも自分の哲学を娘に押し付けませんでしたが、娘はどこか周りと違うことを恥ずかしがり、彼女の振る舞いを敬遠していました。でも、こうして、そのうとましかった習慣が身辺から消えた今こそ、より鮮明に母がしてきたことの真髄を感じ取ろうとする自分もいるのです。人との比較でなく、自分の心がよしと決めたことに真摯に向き合い、また、そのことで生じる摩擦も含め、人の営みをおもしろがってきた母。その軌跡こそがすなわち、彼女というひとりの人間が生まれて、生きた証なのです。こうしてみると、私が彼女の死から学んだのは、人の命はその長さにかかわらず、最後までまっとうして初めて、生まれてきたことの由縁《ゆえん》がわかるものかもしれないということ。そして、人は一度死んでしまったら、もう二度と蘇《よみがえ》らないということ。

きっと、母の意とした「もったいない」は、

「せっかく生まれたのなら、無理して急がず、最後に自分がどんな轍《わだち》を残せたり、どんな景色を見られるのか、それを楽しみにしていきましょうよ」

そんなことではないか、と今なら共に感じられるのです。


今、どうしようもない生きづらさや苦しさを抱えているあなたへ。この果てのない宇宙では、たかが点でしかない私。地球に暮らす75億人のうち、たったひとりの僕。それらの「点」がなければ、「線」には到底成り得ないのはほんとうのことです。たとえ、長く暗いトンネルに入り込んでしまっても、いつかは必ず出口に辿り着ける、と不登校の経験者たちは語ります。もしも、周りに家族や友達がいるなら、たっぷり甘えてください。もしも、頼れる存在が身近にいなかったら、『不登校新聞』や東京シューレに連絡してください。誤解を恐れずに言えば、どうか、そのあなたの出会った闇に向き合い、洞察し、浸《ひた》り、それまでの、そして、これからの自分と世間の在り

方について、とことん模索してください。でも、決して周りにいる自分を想ってくれる人たち、すなわち、あなたの人生の伴走者の手を離さず、何より自分自身を見捨てず、その闇なくしては、自分がそこに生まれてきたほんとうの意味《ギフト》を受け取ることはできないのだ、と信じてください。そうして、心ゆくまで漆黒の闇と対峙したあなたを待つのは、思わず立ちくらみするほどの眩しい光かもしれません。あるいは、一寸先をほんのり灯すほどの柔らかい、でも確実に足元を照らす光かもしれないのです。

まったく異なる四名の方々との対話を通して、ようやく私は「不登校」について、さらに「命」について考えるという大海に漕ぎ出せた気がします。そして、ここから先の未知なる航海に、わずかな心許《こころもと》なさと、抱えきれない探究心を持って挑めたらと思います。もちろん、時折、ぷかぷかと水面に浮かぶ喜びを味わうことも忘れずに……。そして、いつしか気づけば、「9月1日」という日が、誰にとってもつらくやるせない日ではなくなり、なんの変哲もないけれども、穏やかでかけがえのない日になることを切に願います。

令和元年皐月　内田也哉子

企画協力
ＮＰＯ法人 全国不登校新聞社
ＮＰＯ法人 東京シューレ
ＮＰＯ法人 登校拒否・不登校を考える全国ネットワーク

デザイン
アリヤマデザインストア

写真（第一部）
ＮＰＯ法人 全国不登校新聞社

写真（第二部）
宮家和也

図表作成
株式会社 アトリエ・プラン

校正
株式会社麦秋アートセンター

テキスト起こし
ブラインドライターズ

樹木希林　きき・きりん

１９４３年東京生まれ。女優活動当初の名義は悠木千帆、後に樹木希林と改名。文学座の第１期生となり、テレビドラマ「七人の孫」で森繁久彌に才能を見出される。61歳で乳がんにかかり、70歳の時に全身がんであることを公表した。夫でロックミュージシャンの内田裕也との間に、長女で文章家の内田也哉子がいる。CM、テレビ、映画に幅広く出演し、様々な俳優賞を始め、紫綬褒章、旭日小綬章を受賞。２０１８年９月15日に逝去、享年75歳。

内田也哉子　うちだ・ややこ

１９７６年東京生まれ。文章家、音楽ユニットsighboatメンバー。夫で俳優の本木雅弘との間に２男１女をもうける。長男はモデルのUTA。著書に『ペーパームービー』（朝日出版社）、『会見記』『BROOCH』（共にリトルモア）、志村季世恵との共著に『親と子が育てられるとき』（岩波書店）。翻訳絵本に『たいせつなこと』（フレーベル館）など。連載「Blank Page」を『週刊文春WOMAN』にて寄稿中。

9月1日　母からのバトン

２０１９年８月１日　第１刷発行

著　者　樹木希林・内田也哉子
発行者　千葉均
編　集　天野潤平
発行所　株式会社ポプラ社
〒１０２-８５１９
東京都千代田区麹町４-２-６
電話　０３-５８７７-８１０９（営業）
０３-５８７７-８１１２（編集）
一般書事業局ホームページ www.webasta.jp

印刷・製本　中央精版印刷株式会社

N.D.C. 914/287P/19cm/ISBN 978-4-591-16360-3
日本音楽著作権協会（出）許諾第１９０７２０１-９０１号

P8008250